U0107445

新时代哲学社会科学创新文库

中华文明的核心价值

国学流变与传统价值观

陈　来著

商务印书馆
创于1897　The Commercial Press

新时代哲学社会科学创新文库
出版说明

党的十八大开始，中国特色社会主义进入新时代。新时代十年来，我们党采取一系列战略性举措，推进一系列变革性实践，实现一系列突破性进展，取得一系列标志性成果，成功推进和拓展了中国式现代化。新时代十年的伟大变革，在党史、新中国史、改革开放史、社会主义发展史、中华民族发展史上具有里程碑意义。

中国出版集团作为出版"国家队"，深入宣传阐释习近平新时代中国特色社会主义思想，以优质的出版物反映新时代党在实践创新、理论创新、制度创新方面的最新成果，推动中国特色哲学社会科学体系的创建，助力文化强国建设，是应有的政治自觉和使命担当。为此，集团组织策划"新时代哲学社会科学创新文库"，并将之纳入集团"十四五"规划重大出版项目，以顺应时代之需、呼应人民之盼。

"新时代哲学社会科学创新文库"由中宣部指导、中国出版集团策划、商务印书馆具体实施。文库以习近平新时代中国特色社会主义思想为指导，编辑出版党的十八大以来新时代哲学社会科学领域原创性的优秀成果，打造体现中国出版集团人文社科品质特色的新时代经典丛书品牌。

文库聚焦"新时代"和"创新"两个主题词，立意上突出原创性、学理性、亲和性和开放性。

原创性，就是力求突出中国学者、中国特色、中国智慧、中国方案。以习近平新时代中国特色社会主义思想为指导，聚焦十八大以来重大理论问题与实践变革，精粹反映经济、政治、文化、哲学、历史、法律、社会、外交等研究领域取得的最新原创性成果。

学理性，就是立足中国道路的学术表达，着力推出原创性人文观点、标识性研究范式，兼及跨学科、跨领域研究成果，致力构筑中国自主知识体系和学术话语体系，体现文库的学术品质和引领价值。

亲和性，就是倡导理论的大众化和学术的通俗化，提倡在扎实学术根底上的通俗表达，力戒艰深晦涩难懂的八股腔、学究气，以"大家写小书"式的风格特色，适应新时代读者阅读需求，扩大文库的社会影响。

开放性，就是希望表达文库在选题策划和书目结构上兼容并蓄的态度。以商务印书馆为主兼顾集团其他出版社，精选十八大以来已经出版的优秀原创作品修订再版，同时将根据新形势规划中长期选题。

文库于2023年推出首批书目。未来，每年将陆续推出。冀望经过学界共同努力，使文库成为新时代哲学社会科学原创成果的集成平台和学术出版品牌。我们深知组织出版这一涵盖面甚广的学术文库面临的诸多挑战，疏漏之处在所难免，希望各界给我们批评、建议，以俾文库更臻完善。

商务印书馆编辑部

2022年12月

序　言

2007年春天，我在塔夫茨大学(Tufts University)演讲，主人出的题目是"儒学与当代中国的变化"。我讲了两个问题，一个是儒学价值的特点，一个是当代中国的变化。因为听讲的美国学生对中文没有任何基础，所以不可能像在国内演讲一样引经据典，所以我在演讲开始的时候就明确声明，我不会进入古典文本。于是我尝试用对比的方式，来呈现儒家思想与价值的一些特性，这就是：道德比法律更重要，今生比来世更重要，社群比个人更重要，精神比物质更重要，责任比权利更重要，民生比民主更重要，秩序比自由更重要，和谐比斗争有价值。一共八点。

2010年夏天，我在国家新闻出版总署主办的中央国家机关读书主题论坛做报告，题目是"儒家思想与当代社会"，讲了四个问题，一是儒家文化，二是儒家的治国理政思想，三是儒家的人生观，四是儒学与当代中国。在第四个问题即儒学与当代中国的部分，我用对比的方式和现代的角度来看儒学价值观的特点，共讲了十点：道德比法律更重要，社群比个人更重要，精神比物质更重要，责任比权利更重要，民生比民主更重要，秩序比自由更重要，今生比来世更重要，和谐比斗争有价值，文明比贫穷有价值，家庭比阶级有价值。这次所讲比在塔夫茨大学多了两点，次序也略有调整。

2012年秋天，我应韩国学术协会的邀请，担任第14届"杰出学者特别演讲"主讲人，对韩国进行了学术访问并举行了系列演讲。在韩国做了两场演讲，题目分别是"中华文明的哲学思维基础"和"中华文明的价值观与世界观"。后者集中于中华文明的价值观，而前者虽然是专就哲学思维和宇宙论来讲的，但可以作为对中国价值的一种宇宙论哲学背景的说明。这两场演讲的题目都是根据韩国学术协会的要求确定的。因为韩方特别提出，希望演讲针对西方文明与西方现代性所显露的问题，从中华文明寻求另一种可供选择的普遍主义原理。所以我在演讲中提出，以古代儒家为突出代表，显示出中华文明对仁爱、礼性、责任、社群价值的重视，这些价值经过后世哲学的阐发愈发显出普遍的意义。仁爱原则、礼性精神、责任意识、社群本位都是与个人主义相反的价值立场，导向对协同社群、礼教文化、合作政治、王道世界的理性肯定，应该成为普遍性原理。协同社群突出社群的意义，以对治个人主义；礼教文化突出道德意识，以区别律法主义；合作政治突出合作的政治沟通，以有异于冲突的政治；最后，王道世界是一种与霸权主义不同的天下秩序。而这四点都以仁为核心，仁是以相互关联、共生和谐为内容的基本原理。这些提法的主旨皆在彰显与西方近代不同的可供选择的普遍性原理。自韩国回国后，我立即在学术刊物上发表了报告的中文文本，中文文本略有调整，其中增加了这样几句：轴心时代中华文明形成的基本价值成为主导中华文明后来发展的核心价值。经过轴心时代以后两千年的发展，中华文明确定地形成了自己的价值偏好，举其大者有四：责任先于自由，义务先于权利，社群高于个人，和谐高于冲突。这四点是突出与西方近代文化的对照，从上述十点中调整简化而来的，在一定程度上也是为了把中华文明价值观的特色表达得更集中简练。

以上这些观点，都涉及中国传统文化的价值观及其特点，近年来我在各处做有关儒学与中国文化的报告中都常常提到，也引起了一些同志的注意。事实上，2004年以来，我在不同的演讲中多次讲到儒家和中国文化价值观的特点。

　　近年来,国学热在全国方兴未艾,广大人民群众对学习祖先创造的灿烂文化的热情有增无减。因此本书也有两篇论述国学历史和国学概念的文章,以帮助读者了解学界对国学的一般看法。20世纪新文化运动时期,曾有整理国故的运动,当时梁启超指出,国学的常识是两样,中国历史之大概和中国人的人生观。就是说,学习国学一方面要掌握中国的历史文化,一方面要学习掌握中国文化的人生观。他所说的人生观也就是价值观。因此,我们今天学习国学或中国传统文化,既要广泛了解自己文化的发生、成长、发展的历史,认识自己文化的独特性、存在价值及其普遍意义,还要自觉学习吸纳中华文明的价值观,以此促进全民的文化自信,振奋民族精神,增强中华民族凝聚力和生命力,努力实现中华民族和中国文化的伟大复兴。

陈　来

2015年2月4日立春

目　　录

附录

中华文明的哲学基础[*]

中华文明的哲学基础主要体现为宇宙观。与西方近代以来的机械论的宇宙观相比，古典中华文明的哲学宇宙观是强调连续、动态、关联、关系、整体的观点，而不是重视静止、孤立、实体、主客二分的自我中心的哲学。从这种有机整体主义出发，宇宙的一切都是相互依存、相互联系的，每一事物都是在与他者的关系中显现自己的存在和价值，故人与自然、人与人、文化与文化应当建立共生和谐的关系。中国哲学的这种宇宙观不仅对古代中华文明提供了思想支撑，也为中华文明的价值观提供了哲学基础。

中华文明的哲学基础是什么？在中华文明当代复兴并走向世界的时代，这是我们必须回答的问题，本文即是对这一问题给以回答的尝试。"哲学基础"或"哲学背景"的含义可以包含较广，而我主张从两个方面加以回答，一个是哲学思维与宇宙观的方面，一个是价值观和世界观的方面。本文专就前一个方面即哲学思维与宇宙观的方面来论述。

以黄河流域和长江流域为中心，农业在华北和华中两个区域最先发展，成为中华文明的基础。在新石器时代后期，不同文化区域的多

---

　　* 本文内容曾在韩国学术协会(KARC)与大宇基金会(DWF)主办的2012年度"杰出学者特别演讲"系列演讲中报告。

元发展,如陕西、山西、河南、山东、湖北、长江中下游等区域文化,逐渐形成了以中原为核心,以黄河长江文化为主体,联结周围区域文化的格局。故中华文明的起源与形成是由多元的区系文明不断融合而成,其整合的模式是以中原华夏地区和华夏族的文明为核心,核心与周边互相吸收、互相融合而形成多元一体的文明格局。商代的文明已经是多元一体的格局,已形成华夏文明中心的结构,并显示出文化的中国性。从夏、商、周三代文明来看,中华文明地域的广阔和整体规模的巨大,是与其他古文明很不相同的一个特色。在这个过程中,民族的融合也达到了很高的程度,黄河流域的居民形成了华夏族,与四方的夷狄蛮戎集团不断融合,到秦代时已达到6000万人口而成为汉族。[①]中华文明的连续与扩大来自多种原因,其中也来自不少内部的文化因素,如祖先崇拜,宗族、国家的同构等。

已有汉学家指出,要了解中华文明,就必须理解这一文明的思想根基,[②]他们的做法是追溯到中华文明形成之初,以寻找当时建立的思维和观念对后世中华文明发展的重要影响,从而呈现中华文明的核心要素。在这些核心要素中,被认为最重要的,是理解中国人的宇宙观和世界观,了解中国人对时间、空间、因果性、人性的最基础的假定。这些世界观被认为与中华文明历史的各个方面都密切相关。

这种重视中华文明形成初期基本观念的看法,隐含着对于中华文明整体长久连续性的肯定,因为,如果这个文明是断裂的、异变的,仅仅关注文明形成初期就没有意义了。史华慈(Benjamin Schwartz)指出,过分重视早期文明时代往往受到批评,因为轴心时代以后到近代中国之间,中国历史发展中各领域都一直发生着重大变化,然而他强调,中

---

① 参看袁行霈、严文明主编:《中华文明史》第一卷,北京大学出版社,2006年,页4-5。

② 牟复礼:《中国思想之渊源》序言,北京大学出版社,2009年,页1。

国历史的那些变化确实需要置于一种文明框架来看待,因为中华文明的框架并没有出现过西方式的全盘的质的决裂。[①]也就是说,中华文明的总体框架是持久连续的。这里所说的文明框架不仅包括外在的制度文化形式,也包含制度文化形式背后的观念特性。显然,这意味着作为中华文明的根基,其基本思维观念也是长久稳定和连续的。不过也应当指出,西方汉学追溯到中华文明形成之初,去寻找当时建立的思维和观念对后世中华文明发展的重要影响,这种做法并不全面,因为文明的特色不仅要看其早期的形成初期,还要看轴心时代,更要看这一文明成熟期的综合完整特色,成熟期文明更能彰显其全部内涵和特色。

很明显,与西方近代以来的机械论的宇宙观相比,古典中华文明的哲学宇宙观是强调连续、动态、关联、关系、整体的观点,而不是重视静止、孤立、实体、主客二分的自我中心的哲学。从这种有机整体主义出发,宇宙的一切都是相互依存、相互联系的,每一事物都是在与他者的关系中显现自己的存在和价值,故人与自然、人与人、文化与文化应当建立共生和谐的关系。以下我将从几个方面略加呈现。

关联宇宙

法国社会人类学家葛兰言(Marcel Granet)1930年代曾在《中国的思想》中提出中国人的思维是把各种事物看成关联性的存在,并认为这是中国人思维的主要特性。[②]1970年代美国汉学家牟复礼(Frederick Mote)则从另一个方向表达他对中国人世界观的揭示。他认为,欧美

---

① 史华慈:《古代中国的思想世界》导言,江苏人民出版社,2004年,页2。
② 参看安乐哲:《和而不同:中西哲学的会通》,北京大学出版社,2009年,页202。

民族认为宇宙和人类是外在的造物主创造的产物,世界大多数民族也都如此主张,然而只有中华文明早期形成期没有创世神话,"这在所有民族中,不论是古代的还是现代的,原始的还是开化的,中国人是唯一的"[①]。这意味着,中国是唯一没有创世神话的文明,中国人认为世界和人类不是出自于造物主之手,而是自生自化的。与此相对,牟复礼提出,中国的宇宙生成论主张的是一个有机的过程,宇宙各个部分都从属于一个有机的整体,它们都参与到这个自生的生命过程的相互作用之中。[②]也就是说,有机主义的自生论宇宙观和思维方式可以用来说明中国早期文明为何没有产生创世神话。这种相互作用有机整体的说法和葛兰言关联思维的说法是相通的。不过这种关联宇宙论形成于战国后期至汉代,并不能用来说明文明初期创世神话何以未出现,神话的发生应当早于哲学的宇宙观。牟复礼还认为,西方的创造的上帝来自"因果性"观念,而中国的有机的大化流行的观念是对"同时性"的重视,这是两种对世界和事物关系的不同解释。[③]因此,"上古中国人构想的宇宙运行机制只须用内在的和谐与世界有机部分平衡来解释就够了"[④],不需要创世的上帝。他承认,中国与西方的这种分别,李约瑟(Joseph Needham)也曾以另外形式指出过,用李约瑟的话来说,中国思想如同怀特海(Whitehead)式的对于网状关系的偏好、对过程的偏好,而受牛顿(Newton)影响的西方偏好个别和因果链;前者把宇宙过程描述为相互交织的事件之网,后者把宇宙构想为一系列事件串成的因果之链。[⑤]

---

① 牟复礼:《中国思想之渊源》序言,北京大学出版社,2009年,页19。
② 同上书,页21。
③ 同上书,页23。
④ 同上书,页26。
⑤ 同上书,页31。

与此不同，史华慈认为，中国宇宙论多以出生、繁殖隐喻起源，而不采取创造(创世)的隐喻，这可能与农业文明的表达有关，但更可能是祖先崇拜的影响。[①]就是说，他认为中国早期文明没有创世神话，却有很多繁殖隐喻，这不是由于关联思维，而是由于祖先崇拜。其实，史华慈用祖先崇拜只能说明与农业文明的作物生殖有关，还不能否定关联思维的作用。与此相联系，史华慈不认为关联思维对中华文明初期有作用，他认为关联性宇宙论出现较晚，到战国阴阳家的思想理论才表达了这一宇宙论；而甲骨文、金文以及"五经"典籍都不能提供有力的证据说明此前曾存在关联性宇宙论。先秦古书中只有成书较晚的《左传》中才能找到这种思维的早期证据，即人类实践被看作与天体运行相关。他认为，老子思想中出现了整体主义的世界观，但这种整体主义的基本发展走向与关联性宇宙论截然不同。[②]所以史华慈不太强调关联思维的重要性，他所理解的关联性思维专指事物相互感应的一类，似乎较为狭窄，这是需要指出的。

针对牟复礼的中华文明没有创世神话的论断，杜维明展开了他的"存有的连续"的讨论，他承认，一般来说中国人的宇宙论是一个有机体过程的理论，即整个宇宙中的万物是一个整体，其组成部分既相互作用，又同时参与同一个生命过程的自我产生和发展。杜维明指出，中国并非没有创世神话，只是中国思维更执着于存有的连续和自然的和谐；中国人的宇宙是动态的有机体，宇宙的实体是生命力——气，气是空间连续的物质力量，也是生命力量。杜维明强调连续性、动态性、整体性是把握中国宇宙观的三个要点，这是非常正确的。但杜维明肯定中国宇宙论可以承认宇宙起源于太虚，则存有的连续性本身就仍无

[①]　史华慈：《古代中国的思想世界》，江苏人民出版社，2004年，页25。

[②]　同上书，页367。

法回应牟复礼有关中国缺少创世神话的疑问。① 与史华慈立场相近，杜维明也没有提及关联性宇宙观的重要性。其实，既然杜维明承认中国宇宙观是有机体过程的宇宙观，而有机性与关联性相通，则注重关联性应成为中国宇宙论的第四个要点。

就关联性思维(correlative thinking)而言，李约瑟无疑是此说的主要提倡者，他认为至少在汉代，阴阳、五行、天人感应这些思想不是迷信，也不是原始思维，而是中华文明的某种特性，即有机主义。所谓有机主义，是指事物各部分相互关联、协调，而具有不可分的统一性。汉代思维的特点是，象征的相互联系或对应组成了一个巨大模式，事物的运行并不必然是由于其他在先的事物的推动，而是事物在永恒运动循环的宇宙中被赋予了内在运动本性，运动对于它们自己是不可避免的。另一方面，所有事物都是有赖于整个世界有机体而存在的一部分，它们间的相互作用不是由于机械的推动或机械式作用，毋宁说是由于一种自然的共鸣。② 李约瑟认为这是一种特有的思想方式，在这种协调的思维中，各种概念不是相互对立、分别，而是相互影响、作用的，这种相互的影响、作用不是由于机械的原因，而是由于相互的感应。在这样一种世界观里，和谐被认为是自发的世界秩序的基本原则，他所想象的宇宙整体是一个没有外来主宰者的各种意志的有序和谐。宇宙中各个组成部分都自发而协调地合作，没有任何机械的强制。所以，在这种世界观中，线性相继的观念从属于相互依赖的观念。③ 李约瑟的说法是对葛兰言说法的阐释，既然线性相继的观念不重要，创造

---

① 杜维明：《试谈中国哲学中的三个基调》，郭齐勇、郑文龙编：《杜维明文集》卷五，武汉出版社，2002年，页4。

② 李约瑟：《中国科学技术史》第二卷，科学出版社、上海古籍出版社，1990年，页305。

③ 同上书，页308、531、304。

神话自然不发达。葛瑞汉(A. C. Graham)算是哲学家中最重视李约瑟这一思想的人,只是他把关联宇宙论看成主要是汉代的思想,而忽略了先秦时期的关联思想。

　　把欧洲汉学和美国汉学加以比较,我们似乎可以说,欧洲的汉学家强调关联性思维的意义(安乐哲曾在英国学习,故其思想追随葛瑞汉),而美国汉学家更注重社会文化(如孝与祖先崇拜)的意义。在宇宙论上,李约瑟强调存在的动态性、整体性,而杜维明强调存在的连续性。我们则认为中国的宇宙论思维既强调连续性、动态性,又强调整体性、关联性。

　　就文明初期的文化形式而言,卡西尔(Ernst Cassier)注重的是神话思维,他强调神话表达的是一种"生命一体化"的信念,生命的一体化沟通了各种各样的个别生命形式,使所有生命形式都具有亲族关系。[①]生命的一体性与不间断的统一性,这个原则适用于同时性秩序,也适用于连续性秩序,一代代的人形成一不间断的链条,上一阶段的生命被新的生命所保存,现在、过去、未来没有明确的分界线。原始神话的交感联系是从情感方面,希腊多神论开始用理性来研究人,成为"伦理交感"的形式,它战胜了"生命一体化的原始感情"。[②]可见,关联性有两种,一种是神话思维的原始的关联性,包括巫术式的联想。另一种是哲学思维的关联性,它是更高一级的关联性,我们关注的正是这种哲学的关联性思维。在中国,与历史的维新路径相似,中国的思维发展也包含了这个方面,即思维的发展不是一个战胜一个,而是原始的生命一体化的原则被保存在轴心时代以后思想的发展中成为其一部分;但生命交感升华为伦理交感,宗教或神话的交感转变为哲学的

---

　　① 　卡西尔:《人论》,上海译文出版社,1986年,页105。

　　② 　同上书,页130。

感通,在更高的层次上持久地保留了交感互动的特性。因此,神话思维中的生命一体化的母题,在一定条件之下,可以在文明的后续发展中,在更高的文化形式中得以保留,而成为一种哲学的宇宙观。①汉代的关联性宇宙建构,在思维上正是承继了神话时代的生命一体化的思维而在更高层次的发展,成为中国宇宙观的一个特色。

一气充塞

中国哲学思维发展甚早,连续两千多年不曾间断,就其对宇宙、世界的总体理解及其所反映的思维方式而言,具有一些突出的特色,这是没有疑问的。其中最突出的是,中国宇宙论的结构特色与"气"的观念密不可分。

关于存在世界的把握,在中国哲学中,气论是一个基本的形态。气的哲学是中国古代存在论的主要形态。由于气在本源的意义上是物质性的元素,宇宙论的气论代表了中国哲学从物质性的范畴解释世界构成的努力。在中国哲学中,"物"指个体的实物,"质"指具有固定形体的东西,有固定形体的"质"是由"气"构成的。未成形的"气"则是构成物体的材料。②中国哲学中所说的"气",是指最微细而且流动的存在物。西方哲学的原子论认为一切事物都是由微小固体组成的,原子是一种最后的不可分割的物质微粒;中国哲学的气论则认为一切物体都是气的聚结与消散。原子论与气论的一个基本不同是,原子论必须假设在原子外另有虚空,虚空中没有原子而给原子提供了运动的可能。而气论反对有空无的虚空,认为任何虚空都充满了气。中

---

① 关联思维在其他文明中也存在过,但在中国的战国后期把神话时代的关联思维发展为哲学的关联性宇宙建构,这是不同于其他文明的。

② 参看张岱年:《中国古代元气学说》序,湖北人民出版社,1986年。页1。

国思想的气论与西方思想的原子论,成为一种有意义的对照。在这个问题上,张岱年先生指出:"中国古代哲学中讲气,强调气的运动变化,肯定气的连续性存在,肯定气与虚空的统一,这些都是与西方物质观念的不同"①。

中国古代的"气"概念来源于烟气、蒸气、雾气、云气等,如东汉的《说文解字》称:"气,云气也。"气的观念是在对那些具体物气加以一般化后所得到的一个自然哲学概念,就自然哲学的意义而言,它仍然与平常所谓空气、大气的意义相近。把中国气论和西方原子论对照的一个明显结论,就是原子论表达的是物质的不连续的性质,而气论所反映的是物质的连续性的性质。应当说,注重气的连续性,从哲学上反映了中华文明对事物连续性的重视,这与中华文明被称为"连续性文明"的特点也有密切的关系。考古人类学家张光直也正是在这个意义上强调:中国古代文明之所以是一个连续性的文明与中华文明中重视"存有的连续"有关,也与早期文明的整体性宇宙观有关。②

气作为一种连续性的存在,在中国哲学中有许多表达,如荀子说:"充盈大宇而不窕"③,意即云气充满宇宙而无间断,指示出气是连续的存在。宋代张载说:"太虚不能无气"、"知太虚即气则无无"④,强调虚空充满气,或虚空是气的一种存在形式。王廷相说:"天地未判,元气混涵,清虚无间,造化之元机也。"⑤这里虽然是就天地未分化时而言,

----

①　张岱年:《开展中国哲学固有概念范畴的研究》,载《中国哲学史研究》1982年1期。

②　张光直:《连续与破裂——一个文明起源新说的草稿》,载《中国青铜时代》,生活·读书·新知三联书店,1999年。

③　《荀子·赋》。

④　张载:《正蒙·太和》。

⑤　王廷相:《慎言·道体》。

而"无间"即是表达连续、无间断之意。方以智说"气无间隙"①，王夫之更明确说明："阴阳二气充满太虚，此外更无它物，亦无间隙。"②这些都是对古代关于气是连续性存在的观念的继续发展。事实上，朱子也说过"此气流行充塞"，他常常说此气"充塞周遍"，"充塞天地"，"充塞宇宙，无一息之间断，无一毫之空阙"，主张天地之间一气流行充塞，这种连续性是强调气的空间的连续充满和时间的连续不断。③

　　由于气是连续的存在，而不是原子式的独立个体，因而中国哲学的主流世界观倾向是强调对于气的存在要从整体上来把握；不是强调还原到原子式的个体，而是注重整体的存在、系统的存在。因此中国哲学中常常有所谓"一气流行"、"一气未分"的说法，"一气"既表示未分化，也表示整体性，而"流行"则表示气的存在总是处在一种流动的状态之中。朱子言："一气之周乎天地之间，万物散殊虽或不同，而未始离乎气之一。"④罗钦顺说："盖通天地，亘古今，无非一气而已。气本一也，而一动一静，一往一来，以阖一辟，一升一降，循环不已。"⑤刘宗周说："盈天地间，一气而已"⑥，黄宗羲说："天地之间，只有一气充周，生人生物。"⑦一气即整个世界为一连续、整全、流动之实在。这种宇宙论在中国哲学史的发展上为儒家、道家等各派哲学所共有，也成为中国哲学宇宙观的基本立场。存在的整体，即是人与世界的统一，即是人与宇宙的统一，近代哲学的二元分裂破坏了这种原始的统一性，在现代之后的时代，人类应当返回作为人与宇宙统一性的存在整

---

① 方以智：《物理小识·光论》。
② 王夫之：《正蒙注·太和》。
③ 《朱文公文集·答吕子约》等。
④ 朱熹：《朱子语类》卷二七。
⑤ 罗钦顺：《困知记》。
⑥ 刘宗周：《刘宗周全集·语录》。
⑦ 黄宗羲：《孟子师说》。

体。同时，在中国文化中，个人不是原子，是社会关系连续体中的关联性存在一方，这种理解得到了气论哲学的有力支持。①

阴阳互补

阴阳的观念比气的观念出现更早，阴与阳的观念在西周初年已经出现，最初是指日光照射的向背，向日为阳，背日为阴。《易经》中则把阴阳作为整个世界中的两种基本势力或事物之中对立的两个方面。

最著名的古代阴阳论的论断见于《易传》之《系辞》，《系辞上》说"一阴一阳之谓道"，指阴阳的对立分别与交互作用，是宇宙存在变化的普遍法则。《说卦》把阴阳普遍化："立天之道曰阴与阳，立地之道曰柔与刚，立人之道曰仁与义"，认为阴阳的对立和互补是天道，地道和人道也都是受此原理所支配。《庄子》中已经有阴阳生成论："至阴肃肃，至阳赫赫。肃肃出乎天，赫赫发乎地，二者交通成和，而万物生焉。"②

在西周末期，不仅以阴阳为宇宙的两种普遍的基本对立，也已把阴阳的观念和气的观念结合起来。战国时代如庄子说："阴阳者，气之大者也"③，把阴作为阴气，阳作为阳气。这样就产生了"二气"的观念。《易传》中发挥了这一思想，不仅提出气分为阴阳，也同时强调二气相感。如《彖传》说"二气感应以相与……天地感而万物化生"④。荀子也这样认为："天地合而万物生，阴阳接而变化起。"⑤阴阳二气作为宇宙

---

① 黄俊杰在《传统中国的思维方式及其价值观》中论述了联系性思维方式，载黄俊杰编：《传统中华文化与现代价值的激荡与调适》，喜马拉雅研究发展基金会，2002年。

② 《庄子·田子方》。

③ 《庄子·则阳》。

④ 《易传·彖辞·咸卦》。

⑤ 《荀子·礼论》。

最基本的构成性要素,不仅相互对立,而且相互作用、相互感应,阴阳二者的相互配合使万物得以生成,使变化成为可能。阴阳的对立互补是世界存在与变化的根源。用关联的语言来说,阴阳是最基本的关联要素。

汉代以后,阴阳的观念成为中国哲学根深蒂固的基本特征,董仲舒说:"天地之气,合而为一;分为阴阳,判为四时,列为五行。"[①]在汉代思想当中,阴阳、五行、四时都是天地之气的不同分化形式形态,同时阴阳与五行、四时、五方、五色、五味等有高度的关联性,由此发展出一套关联宇宙图式的建构。除了阴阳之间的相互作用和相互补充外,五行之间也被理解为相生相克,即相互促进又相互制约。宋代周敦颐依然如此主张:"分阴分阳,两仪立焉,阳变阴合,而生金木水火土","二气五行,化生万物;五殊二实,二本则一。"[②]宋代以来,没有一个哲学家不受阴阳观念所影响,新儒学哲学家尤依赖于《易传》的阴阳哲学而不断发展阴阳的世界观。如邵雍言:"动之始,则阳生焉,动之极,则阴生焉。一阴一阳交,而天之用见之矣。"又说:"阳下交于阴,阴上交于阳,四象生焉。阳交于阴,阴交于阳,而生天之四象。"[③]无论阴阳的"接",或阴阳的"交",哲学上都是指阴阳的相互作用,这种作用不是冲突对立,而是感合、相互吸引和配合。当然,就阴阳二者的本来规定而言,一般来说阳居主动,阴居被动,但"二气"哲学的宇宙生成论中并不强调这种差别。如朱子论阴阳二气云:"天地只是一气,便自分阴阳,缘有阴阳二气相感,化生万物,故万物未尝无对。"[④]张载的

---

① 董仲舒:《春秋繁露·五行相生》。
② 周敦颐:《太极图说》。
③ 邵雍:《观物内篇》。
④ 朱熹:《朱子语类》卷五三。

名言："一物两体，气也。一故神，两故化。"①一物两体即是说一气之中包含阴阳两个方面。一故神，是说阴阳结合为整体才能实现运动的妙用；两故化，是说一气中包含阴阳互动所以气有化生的功能。清代的戴震说："一阴一阳，流行不已，夫是之谓道。"②这干脆把"道"理解为阴阳二气流行不已的过程。

在先秦文献《管子》中早有对阴阳作用的认识，"春夏秋冬，阴阳之推移也；时之短长，阴阳之利用也；日夜之易，阴阳之化也。"③把阴阳看作自然世界各种现象变化推移的动力和根源。张载说："气有阴阳，推行有渐为化，合一不测为神。"他还说："阴阳之气，则循环迭至，聚散相荡，升降相求，氤氲相揉，盖相兼相制，欲一之而不能。此所以屈伸无方，运行不息，莫或使之一。"④朱子云："阳中有阴，阴中有阳；阳极生阴，阴极生阳，所以神化无穷。"⑤所以，阴阳的相互联结、相互作用、相互渗透、相互转化，由此构成的动态的整体变化，是中国人宇宙观的普遍意识，影响到中华文明的各个方面。如中医是最充分地运用阴阳五行学说构建人体生命和疾病的理论说明，明代中医张景岳指出："盖阳不独立，必得阴而后成。……阴不自专，必得阳而后行。……此于对待之中，而复有互藏之道。"⑥阴阳互相包含，相互作用，阴阳的平衡构成整体的健康。中医是整体主义和关联思维的集中体现的代表。

宇宙是各种物体相互联系的总体，更简单地说，是包含阴阳互补互动的整体，阴阳彼此为对方提供存在条件，阴阳的相互结合构成了

① 张载：《正蒙》。
② 戴震：《孟子字义疏证》。
③ 《管子·乘马》。
④ 张载：《正蒙·参两》。
⑤ 朱熹：《朱子语类》卷九八。
⑥ 张景岳：《类经·阴阳类》。

世界及其运动。葛瑞汉指出："正如人们早已知道的那样,中国人倾向于把对立双方看成互补的,而西方人则强调二者的冲突。"[1]人类世界的一切问题都根源于如何处理各种对立面的关系,中华文明的古老阴阳平衡思维不仅是古代中国的基本思维方式,在现代仍然有其普遍的意义。

张载在谈到对立面关系时指出"有象斯有对,对必反其为,有反斯有仇,仇必和而解",对立、冲突甚至斗争的结果,最终必定是相反相成、协调配合,走向和解,对立中求统一,化冲突为和谐,使整个世界不断焕发蓬勃的生机。

变化生生

与西方机械论宇宙观的另一最大不同,中国哲学的宇宙观是强调"生生"的宇宙观,以《易经》为代表的宇宙观始终把宇宙看成一个生生不息的运动过程。

把宇宙看成一个变易不息的大流,孔子已经予以揭示:

逝者如斯夫,不舍昼夜![2]

逝逝不已就是运动变化不已,我们所在的世界是一个如同大河奔流一般的运动总体,这也就是说,一切都在流动变化之中,流动、变化是普遍的。庄子也说:"物之生也,若骤若驰,无动而不变,无时而不移。"[3]"万物化作,萌区有状,盛衰之杀,变化之道也。"[4]

---

[1]　葛瑞汉:《论道者》,中国社会科学出版社,2003年,页379。

[2]　《论语·子罕》。

[3]　《庄子·秋水》。

[4]　《庄子·天道》。

解释《易经》的《易传》十翼，以《系辞传》最为突出，《系辞传》全力强调变易的意义：

> 易穷则变，变则通，通则久。
>
> 为道也屡迁，变动不居，周流六虚，上下无常，刚柔相易，不可为典要，唯变所适。①

世界不断变化、转化，永不静止，对于这样一个变动不已的宇宙，人不可以订立死板的公式去对待它，一切必须随变化而适应。《易经》为中华文明确立了这样的宇宙观：整个世界，从最小的东西到最大的东西，都处于永恒的产生和转化之中，处于不断的流动变易之中，处于无休止的运动和变化之中。整个世界，特别是自然界被看作在永恒的流动和循环中变动着。在这种总观点下，世界绝对不变的见解是不可理解的。事物不是常住不变的，变易是存在的基本方式，存在就是流动和变化。正是这种变易的哲学支持着中华文明不断"与时俱进"的发展，与时俱进就是适应变化、与变化俱进。

在中国哲学思维中，以《周易》的宇宙观为代表越来越强调，变化是绝对的，而变化包含有确定的倾向，《易传》的哲学主张，变化不是没有内容的，变化的重要内容是"生生"。换言之，在宇宙的大化流行中，不断有新的东西生成，这是变易的本质，而不是单纯的无所方向的变化。宇宙不是死一般的寂静，而是充满着创造的活力。

这一点《系辞》说得最清楚：

> 天地之大德曰生。

---

① 《系辞下》。

富有之谓大业，日新之谓盛德，生生之谓易。①

因此，变化包含创新，永久的变易包含永远的革新，日新就是不断地创新，生生赋予了变易以更深刻的东西，变易是生命的不断充实、成长、更新和展开。"天行健"是生生不已之大易流行，这种宇宙观为中国文化精神"自强不息"提供了世界观的基础。

生生的观念同样渗透在宋以后的新儒家思想中，如周敦颐："二气交感，化生万物，万物生生而变化无穷焉。"②程颢说："生生之谓易，是天之所以为道也。天只是以生为道。"③这是以生生为宇宙最根本的法则，以生生为天道、天理的内容。程颐也重视生生，他说："天地之化，自然生生不穷"④，把生生化育看作自然的、无休止的过程。

可见在中国哲学中，变化之流即是生命之流，而这一生命之流是以气的连续统一为其载体的。宋明理学的宇宙观特别重视"大化流行"，大化流行也往往被说成"气化流行"，如戴震说："一阴一阳，其生生乎！"⑤"在天地则气化流行，生生不息，是谓道。"⑥气本身就是能动的流体，气的运行过程就是道。大化流行是一完整的连续体的活动，而万物是此连续体的不可分割的组成部分。

在这里，显示出中国哲学宇宙观的生成论特征。按照《周易》系统的哲学，天地万物是在时间的进程中逐渐生成的，并变易着，它可能是在从某种混沌中产生出来的东西，是某种发展起来的东西，某种逐渐生成的东西，生成就是becoming。所以，不是being而是

---

① 《系辞上》。
② 周敦颐：《太极图说》。
③ 《二程遗书》卷二上。
④ 《二程遗书》卷一五。
⑤ 戴震：《原善》。
⑥ 戴震：《孟子字义疏证》。

becoming才是中国哲学的基本问题意识,《周易》的哲学才是中华文明自己的哲学之根。从这个观点来看,生成是自己的生成,阴阳、五行的相互作用就是生成的基本机制,而不是由自然界之外的主宰者的创造或外来推动力一下子造成的东西。绝对不变的实体是不存在的。从这里,我们才能更深刻地理解牟复礼提出的中华文明缺少创世神话的问题,确实在本质上是一个关乎思维方式的问题。只不过,缺少创世神话的原因主要还不是像杜维明所说的存在的连续的问题,而是生成论思维主导的问题。没有创世神话表示不重视外在力量,而表示更重视生成、生化和它的内在动因。世界是它自己的根源,自生自化的生成论成为中国世界观的主流,《周易》的原理本身就包含了这一倾向。正如安乐哲(Roger Ames)也指出的,希腊更偏重静止,所以需要借助因果关系解释变化;中国则主张世界本来自然地就是过程和变化,自然的生成,因而它就不需要外在原则去解释变化。[①]"天行健,君子以自强不息",如果《周易·象传》的这句话是中国文化精神的体现,那么生生日新的宇宙观正是这种精神的哲学写照。

自然天理

　　牟复礼所说中国直到进入文明初期,没有出现过创世神话,以此作为中华文明思维方式的一个路径依赖,其实,尽管他指出中国缺少创世神话这一点是对的,但这并不意味着中国没有宇宙发生说,也不意味着中国古代思维认为宇宙是一永恒的存在。用中国哲学的话来说,天地万物如何产生、存在,也是古代中国哲学家思考的问题,屈

---

① 安乐哲:《和而不同:中西哲学的会通》,北京大学出版社,2009年,页45。

原的《天问》最明显地表达出中国古代哲学思维对宇宙起源、构成的
兴趣：

遂古之初，谁传道之？

上下未形，何由考之？

冥昭瞢暗，谁能极之？

冯翼惟像，何以识之？

明明暗暗，惟时何为？

阴阳三合，何本何化？

圜则九重，孰营度之？

惟兹何功，孰初作之？

当然，中国哲学的主流看法虽然认为天地万物不是永恒存在着的，而
是有其发生历史的，但天地万物的发生不是由一个外在于宇宙的人格
力量所创造的，在中国哲学家看来，天地万物如果有一个开始，这个开
始也是自生、自然的。的确，在中国思想中，一般来说，不认为天地是
被创造出来的，不认为人是被创造出来的，不认为宇宙时空是被创造
出来的，尤其不认为存在着外在于宇宙的创造者——上帝。

主张天地不是被创造出来的，不等于主张天地是永恒的，例如在
汉代道家的宇宙论中并不认为天地是永恒存在的，而是从虚空中逐渐
生成气，又由气的凝聚而生成天地。所以我们所在的这个世界，不是
被创造出来的，而是化生出来的。

那么，存在宇宙之内的主宰者吗？回答不是否定的。商周时代都
承认帝或天为宇宙之内的至上神，但早期中华文明中的"上帝"不是
创造宇宙和人的神，而是在宇宙之内的主宰者，中国上古的"上帝"和
"天"也没有被赋予创造宇宙的能力。不管是原因还是结果，西周以人

为中心的立场的兴起必然也削弱了发明创世神话的冲动。所以早期中华文明的"帝"不是宇宙之外的创造之神，而是宇宙之内的事务主宰。就人不是上帝所创造这一点来说，这使得在中华文明中"人"的地位必然高于基督教文明中"人"的地位，"人受天地之中以生"①的古老观念，表示在气论的背景之下，人可以获得高于宇宙内其他一切事物和生命形式的地位，"人最为天下贵"②。至少，如中国哲学中易学哲学所主张的，人是与天、地并立的"三才"之一。天人相感、天人相通，所有中国哲学中"天—人"的说法，都是指人的理性、人性、价值使得它超出万物，而可以与天构成一对关系。中国哲学本来就有"与天地参"的传统，人能参与天地化育、参与大化流行，故"参与"论是十分中国的。人既能参与天的生成，又能与天相感相通，这在西方人看来是多么奇特的思想啊。

在理学中，也出现了一种主张，如邵雍和朱熹，他们认为我们所在的这个宇宙或天地不是永恒的，它在消灭之后会有一个新的宇宙或天地来代替它；同样，在它之前也曾经有一个旧的宇宙或天地存在，而被它代替了。这意味着，一切生成的东西，都会走向消亡。这种生成与消亡借助"气"的聚散来说明，是非常自然的。古人所说的天地可以是今天所说的太阳系或宇宙，它是按照自然的途径生成的，而在它消亡之后，也一定会有另一个天地按照自然的途径再生成出来，这个循环是没有穷尽的。在这里也不需要造物主的概念。

在这个意义上，李约瑟称中国的世界观和宇宙模式是"没有主宰却和谐有序"，既是有理由的，却又是不准确的。从新儒学的观点来看，首先，主宰是有的，但主宰是宇宙内的主宰，而不是创造宇宙的主宰。

①　见于《左传》成公十三年刘康公所说。
②　《荀子·王制》。

对于宇宙来说，主宰不是超越的，而是内在的。其次，这个主宰，商、周时为"帝"为"天"，但宋代以来，宇宙内的主宰已经被理性化，这就是"理"或"天理"，这一对"理"的推尊成为一千年来成熟的中华文明的主导性观念，理是宇宙、社会的普世原理和法则。

众所周知，朱熹是肯定这一"理"的最有代表性的哲学家。朱熹说过："所谓主宰者，即是理也。"① 与朱熹一样，元代的吴澄也是以太极为"道"、为"至极之理"。他说："太极与此气非有两物，只是主宰此气者便是，非别有一物在气中而主宰之也。"② 吴澄仍然用"主宰"一词界定理，这一方面是由于理气论与人性论的牵连，另一方面也是理学形而上学词汇的误用。无论如何，这种主宰说只是功能意义上的，而已经没有任何实体的意义了。明代罗钦顺指出朱熹理气观有严重失误，断言理并不是形而上的实体，而是气之运动的条理，他说："理只是气之理，当于气之转折处观之，往而来，来而往，便是转折处也。夫往而不能不来，来而不能不往，有莫知其所以然而然，若有一物主宰乎其间而使之然者，此理之所以名也。"③ 罗钦顺认为，气是不断变化运动的，气之所以往复变易，乃有其内在的根据。从程颐到朱熹都认为，理对于气的作用正像一个做往复运动物体的操纵者，支配着气的往而复、复而往的变化运行。罗钦顺提出，从功能上看，理虽然支配着气的运动，但理并不是神，也不是气之中的另一实体。更重要的是，他提出"若有一物主宰乎其间"，即理的这种支配作用类似主宰的作用，而其实，并非真的有一主宰者。

所以，在成熟的中华文明时期，哲学已经越来越显示出一种立场，即宇宙虽然不是由外在主宰者创生的，是无始无终的，所谓"动静无

---

① 朱熹：《朱子语类》卷一。
② 吴澄：《吴文正集》卷二。
③ 罗钦顺：《困知记》。

端、阴阳无始"。但宇宙之中受到一种主宰性力量所引导和制约,这是宇宙之内的主宰,但此主宰不是神,而是道或理。李约瑟认为中国的宇宙观是"没有主宰的秩序",并不确切。在宋明新儒家的哲学中,宇宙之外没有主宰,宇宙之内也没有人格主宰,但"道"或"理"被理解为宇宙之内的一种主宰、调控力量,天地万物、人类社会的存在和运动都受到理的支配。因为理不仅是天地的本源、事物的规律,也是最高的价值。这种类似自然法的普遍性理论使得理学能够成为近古时代中国社会文明价值的有力支撑。同时,这种物理普遍存在于事物之中的观念以及在此基础上发展的格物穷理思想也是中华科技文明得以在近代以前长期发达的理性基础。

理的作用是关系的调控,因此理不是实体,毋宁说是关系的体现。中国哲学的特点之一是注重关系,而不注重实体。实体思维倾向于把宇宙万物还原为某种原初状态,还原为某种最小实体单位,注重结果的既定实体状态,而不关注生成化育的过程;或者追求一个永无变化的实体,一个与其他事物没有关系的绝对实体。关系思维则把事物理解为动态的关系,而每一具体的存在都被规定为处在一种不可分离的关系之中,每一个存在都以与其发生关系的他者为根据。在理学中,天理即天道,天道的生生之理以"感通"为其实现方式,《周易》咸卦象辞"天地感而万物化生",感通是万物相互关系的状态。感通是比感应更为哲学化的概念,感应可以是此感彼应,没有直接的相互作用,而感通是直接的相互作用。因此,在社会伦理上,注重关系的立场必然不是个人本位的立场。它主张在个人与其他对象结成的关系中,个人与他方构成关系时,不是以自我为中心,而是以自我为出发点,互以对方为重。

从这种有机整体主义出发,宇宙的一切都是相互依存、相互联系的,每一事物都是在与他者的关系中显现自己的存在和价值,故人与自然、人与人、文化与文化应当建立共生和谐的关系。

天人合一

天人合一的观念认为天与人不是仅仅对待的,一方面天与人有分别,有对待,另一方面,从更高的观点来看,天与人构成了统一的整体,二者息息相关,二者之间没有间隔,这就是"天人合一"。这种天人合一的思想虽然可以看作神话时代生命一体化思维的哲学升华,但更具有排除主体—客体对立的意义。

从道的角度看,天道是人道的根源,人伦人道出于天与天道,人性来自天命的赋予,这个意义上的天人贯通一致的关系称作"天人相通"。天人相通是广义的天人合一的一种表达方式。张载是最重视天人合一思想的,他说:"天人异用,不足以言诚。天人异知,不足以尽明。所谓诚明者,性与天道不见乎大小之别也。"[1]这是说,天之用与人之用没有差异,只有认识到这一点才能言"诚"。诚就是宇宙的真实。天之知与人之知也没有分别,不了解这一点就不能发挥"明"。明就是人的理性。所以他主张人性与天道没有大小的差别,是一致的。又说:"性者万物之一源。"他进一步说:

> 儒者则因明致诚,因诚致明,故天人合一,致学而可以成圣,得天而未始遗人。[2]

天道与人道的同一性、天道与人性的同一性,这就是张载阐发的天人

---

[1] 张载:《正蒙·诚明》。
[2] 同上。

合一思想。这种思想在北宋已经十分普遍，"二程"兄弟也都分享了这样的思想，如程明道说："人与天地一物也，而人特自小之，何耶？"①"天人本无二，不必言合"。②程伊川也说："道未始有天人之别"，"天地人只一道也，才通其一，则余皆通"。③这些都是强调天人合一、天人相通。如程颢所见，天与人是直接统一的，如果说人不能认识这一点，主要是由于人在天地面前降低了自己的地位。

这种哲学与绝对二分的形上学不同，人与自然、天道的一致，表达了统一整体的智慧，在这种智慧中，天地万物共同构成一个不可分割的统一整体。同时，在这种思想支配下，哲学不认为本体和现象世界是割裂的，不认为本体和生活世界是割裂的，本体即在现象中显现，不离开生活现象。

张载的《西铭》主张，天地的交合生成了世界，赋予了人的身体和本性，所有人都是天地生育的子女；不仅如此，万物和人类一样，也是天地所生。因此，他人都是自己的同胞，万物都是自己的朋友，人与人，人与万物，人与自然，应成为共生和谐的整体。古代思想认为事实和价值不是对立的，而是一致的。

这又涉及"万物一体"的思想。张载认为，人和物都是由气构成的，宇宙中的一切都与自己有直接的关系，故从个人的角度来看，天地就是我的父母，民众即是我的同胞兄弟姐妹，万物都是我的朋友，等等。这种思想以气为基础的高度的关联性论证了儒家伦理，尊敬高年长者，抚育孤幼弱小，都是自己对这个宇宙大家庭和这个家庭的亲属的义务。《西铭》的这种思想可以说就是"万物一体"的思想。在古代思想中可以明显看到，一定的宇宙观倾向于一定的价值观，或者一定

---

① 《二程遗书》卷一一。
② 《二程遗书》卷六。
③ 《二程遗书》卷一八。

的宇宙观基于一定的价值观,二者往往是相互联系的。关联性宇宙观和关联性价值观正是这样的关系。

程颢的一段语录把这个意思说得更简明,而且把它与仁结合起来:"医书言手足痿痹为不仁,此言最善名状。仁者以天地万物为一体,莫非己也。认得为己,何所不至?若不有诸己,自不与己相干,如手足不仁,气已不贯,皆不属己……如是观仁,可以得仁之体。"①这是要说明什么是"仁",照程颢的看法,仁就是一种精神境界,是一种以万物为一体的精神境界;不仅是一体,而且是以"己"为基点,要把天地万物都看成是与"己"息息相通的,正如人能感受手、足是属于"己"的一部分一样。"万物一体"的思想是宇宙关联性最高的伦理体现,它既指示出个人对关联整体的义务,也指示出追求整体的和谐是人的根本目标。

这种仁的一体境界与纯粹的存在论的万物一体观不同,在于此种境界并非指示一种实在,而指向的是一种慈悯的情怀,即亲亲、仁民、爱物,以此境界实现人的社会义务。但程颢的这个境界思想与其存在论和宇宙论仍有密切关系,他说:"万物之生意最可观,此元者善之长也,斯所谓仁也"②,这表示,宇宙观的"生生"是他的一体境界和人格精神的基础。

这种对一体和谐的追求在古代宇宙论中就已经表达出来,如西周的史伯说,"夫和实生物,同则不继,以他平他谓之和,故能丰长而物归之"③。不同事物的调和、融合才能生成繁盛的、新的事物。差别性、多样性、他性的存在是事物生长的前提,多样性的调和是生生的根本条件。《系辞》"阴阳合德"的说法包含了阴阳的融合。

---

① 《二程遗书》卷二上。
② 《宋元学案·明道学案上》。
③ 《国语·郑语》。

《庄子》说阴阳"两者交通成和,而万物生焉"①,以和为生成的根本。荀子说"阴阳大化,风雨博施,万物各得其和以生"②,"和"被认为是事物生成的必要条件,他又说"天地合而万物生,阴阳接而变化起"③,其意亦即"阴阳和而万物生"④。阴阳的调和是古代宇宙论最普遍的理想。

　　以上所说的这些哲学的思维渗透在中国文化的各个方面,对中华文明的整体也起到了支撑的作用,可谓中华文明的哲学背景。在本文结束的时候,我想就关联思维到关联价值再说几句。关联思维即普遍联系的思维,其特点就是对一般人只看到分别、分立、无关的事物能看到其相互联系,特别是把天、地、人、万事万物看成关联的整体。而关联是互动、和谐的基础,互动、和谐是关联的本质要求。葛瑞汉认为关联思维是汉代思维的突出特色,而后来宋代理学兴起,中国哲学的宇宙观发生了巨大的范式转换。这个转换就是,对天地万物的观察和思考,用性理的主宰决定代替了元气的自然感通。其实,汉代和宋代的思想不是对立的,汉代的关联宇宙论建构作为统一的宇宙观,具有支持天下政治统一的意义;宋代的理学是在新的佛教挑战面前和隋唐以来新的制度变革下强化儒家思想的体系,它的理性化体系使中华文明在更成熟的高度上获得了一体化的统一。应当说,尽管以"天人感应"为特色的关联宇宙建构的高峰是在汉代,但关注事物的普遍联系,关注事物的相互依存、相互关系、相互作用、相互影响、相互感通,关注整体与部分间的相互包含,早已成为中国思维的重要特性。因此,虽然汉代的元气论后来被宋明的理气论所取代,但中国人注重

① 《庄子·田子方》。
② 《荀子·天论》。
③ 《荀子·礼论》。
④ 同上。

关联性的思维并没有改变，改变的只是关联性表达的理论形态和关联性所体现的领域和形式。而且，注重关联性不仅是中华文明的思维方式，也反映了中华文明的价值取向，轴心时代以后中华文明的基本价值，可以说都是以此种宇宙观为基础发展起来的。今天，面对西方现代性的问题，我们提倡东西方思想的多元互补，提倡对交互伦理、关联社群、合作政治、共生和谐的追求，必须珍视多元文明的价值，扩大人类解决困境的选择。①就这个意义上来说，重温中华文明的世界观应当是有益的。

①　强调关联性价值，并不是要整体替代近代的个人主义、权利意识，而是发扬关联性价值，与个人主义和权利意识形成良性的互补。

中华文明的价值观与世界观[*]

无论是北方还是南方，中国早在距今七八千年前的新石器时代中期，已经形成了较为稳定的农业经济。七八千年前的中国黄河、长江流域的史前农业已经不是所谓刀耕火种的原始农业，由于黄土自肥的特点和作物耐旱的特性，在中原和北方，在主要使用石制农具、不依赖大河灌溉的情况下，已发展出集约化农业。因此，与美索不达米亚和埃及相比，中华早期文明虽然也发生在黄河和长江两大流域的中下游地区，但中国农业经济的特点决定了中国的早期文明不属于大河灌溉的文明，中国农业缓慢、稳步地积累的成长道路，也影响到它的文明的整个发展。考古学家认为，中华文明是"万年前的文明起步，从五千年前后氏族国家到国家的发展，再到早期古国发展为多个方国，最终发展为多源一统的帝国"[①]。

早期中华文明的伦理精神气质

在世界上有过宗族性的血缘组织的民族不乏其例，但像中华早期文明社会中所见的宗族组织与政治权利同构的情形，却属罕见。古代中华文明中，宗庙所在地成为聚落的中心，政治身份的世袭和宗主身

　　* 本文内容曾在韩国学术协会(KARC)与大宇基金会(DWF)在首尔主办的2012年度系列演讲中报告。
　　① 苏秉琦：《中国文明起源新探》，商务印书馆(香港)，1997年，页142。

份的传递相合，成为商、周文明社会国家的突出特点。政治身份与宗法身份的合一，或政治身份依赖于宗法身份，发展出一种治家与治国融为一体的政治形态和传统。在文化上，礼乐文化成为这一时代的总体特征。

中国古代从西周到春秋的社会，其基本特点就是宗法性社会。这里所说的"宗法性社会"是一个描述性的概念，并无褒贬之意，乃是指以亲属关系为其结构、以亲属关系的原理和准则调节社会的一种社会类型。在宗法社会中，一切社会关系都家族化了，宗法关系即是政治关系，政治关系即是宗法关系。故政治关系以及其他社会关系，都依照宗法的亲属关系来规范和调节。这样一种社会，在性质上，近于梁漱溟所说的"伦理本位的社会"。伦理关系的特点是在伦理关系中有等差、有秩序，同时又有情义、有情分。因此，在这种关系的社会中，主导的原则不是法律而是情义，重义务而不重权利。梁漱溟认为中国伦理本位的社会是脱胎于古宗法社会而来，是不错的。①春秋后期以降，政治领域的宗法关系已经解体，但社会层面的宗法关系依然存在，宗法社会养育的文明气质和文化精神被复制下来。

从早期中国文化的演进来看，夏、商、周的文化模式有所差别，但三代以来也发展着一种连续性的气质，这种气质以黄河中下游文化为总体背景，在历史进程中经由王朝对周边方国的统合力增强而逐渐形成。而这种气质在西周文化开始定型，经过轴心时代的发展，演变成为中国文化的基本气质。这种文化气质在周代集中表现为重孝、亲人、贵民、崇德。重孝不仅体现为殷商的繁盛的祖先祭祀，在周代礼乐文化中更强烈表现出对宗族成员的亲和情感，对人间生活和人际关系的热爱，对家族家庭的义务和依赖。这种强调家族向心性而被人类学家

---

① 梁漱溟的说法见其《中国文化要义》，台北里仁，1982年，页81。

称为亲族连带的表现,都体现出古代中国人对自己和所处世界的一种价值态度。从而,这种气质与那些重视来生和神界,视人世与人生为纯粹幻觉,追求超自然的满足的取向有很大不同,更倾向于积极的、社会性的、热忱而人道的价值取向。中国人谋求建立积极的人际关系及其内在的需要和取向,与印度文化寻求与神建立积极关系及其内在需要和取向;中国文化对民和民的需要的重视,与印度文化对神的赞美和对与超自然的同一的追求,二者间确有很大不同。另一方面,印度教虽然对人的一生中的家庭祭很重视,在成年礼等一些方面甚至可与西周的礼仪相比,但印度教徒死者通常没有坟墓,在印度所有地方,与祖先崇拜相联系的现象极少见。中国殷周文化对死去亲属的葬礼、祭祀礼的发达,与印度对葬祭的这种轻视恰成对比。这不只是宗教观念的不同,而且也体现出价值取向的不同。

早期中国文化体现的另一特点是对德的重视。近代以来已有学者提出中国文化是一种伦理类型的文化,就其主导的精神气质而言,中华文明最突出的成就与最明显的局限都与它的作为主导倾向的伦理品格有关。在中国上古时代已经显露出文化的这种偏好,正是基于这种偏好而发展为文化精神。中国文化在西周时期已形成"德感"的基因,在大传统的形态上,对事物的道德评价格外重视,显示出德感文化的醒目色彩。而早期德感的表现,常常集中在政治领域的"民"的问题上,民意即人民的要求被规定为一切政治的终极合法性,对民意的关注极大地影响了西周的天命观,使得民意成了西周人的"天"的主要内涵。西周文化所造就的中国文化的精神气质是后来儒家思想得以产生的源泉和基体。

深度理解夏、商、周三代的文化发展历程,我们将会得到一种相当明晰的印象,这就是,在孔子和早期儒家思想中所发展的那些内容,不是与西周文化及其发展方向对抗、断裂而产生的,在孔子与早期儒家的思想和文化气质方面,与西周文化及其走向有着一脉相承的连续性关系。没有周公就不会有传世的礼乐文明,没有周公就没有儒家的历史渊源,[①]孔子对周公的倾心敬仰,荀子以周公为第一代大儒,都早已明确指明儒家思想的根源。可以说,西周礼乐文化是儒家产生的土壤,西周思想为孔子和早期儒家提供了重要的世界观、政治哲学、伦理德性的基础。同时,西周文化又是三代文化漫长演进的产物,经历了巫觋文化、祭祀文化而发展为礼乐文化,从原始宗教到自然宗教,又发展为伦理宗教,形成了孔子和早期儒家思想产生的深厚根基。更向前溯,从龙山文化以降,经历了中原不同区域文化的融合发展,在政治文化、宗教信仰、道德情感等不同领域逐渐地发展出,并在西周开始定型成比较稳定的精神气质,这种气质体现为崇德贵民的政治文化、孝悌和亲的伦理文化、文质彬彬的礼乐文化、天民合一的存在信仰、远神近人的人本取向。因此,儒家思想及其人文精神是中华文明时代初期以来文化自身连续发展的产物,体现了三代传衍的传统及其养育的精神气质,儒家思想与中国古代文化发展的进程具有一种内在的联系。儒家的价值观也成为中华文明价值体系的主流。[②]

　　作为夏、商、周三代的中华文明智慧的结晶,"六经"是中华文明的原始经典。其中凝结着中华文明早期形成、发展的历史智慧和主流价值,如敬德、保民、重孝、慎罚、协和万邦,体现了中华文明历经夏、商、周一千多年甚至更久远发展所累积的政治智慧、道德观念、审美精神,成为此后中国文化发展的最主要的历史渊源。

---

　　① 参看杨向奎:《宗周制度与礼乐文明》,人民出版社,1992年,页136。
　　② 陈来:《古代宗教与伦理》导言,生活·读书·新知三联书店,1996年,页7-8。

轴心时代中华文明的基本价值

　　从这个角度来看，轴心时代的中华文明延续了早期文明与西周人文思潮的发展，系统地提出了文明的价值、德性，其中最主要的价值与德性都是针对人与他人、人与社群的关系而言。就其偏好而言，轴心时代中华文明，以儒家为突出代表，显示出对仁爱、礼乐价值的重视，这些价值经过后世哲学的阐发更显示出普遍的意义。

　　首先是崇仁。众所周知，轴心时代的中国儒家思想，最重要的道德观念是"仁"。仁是自我对于他人的态度，对他人的关怀爱护，或对他人施以恩惠，故《国语》有所谓"言仁必及人"①。从文字来说，中国东汉时期的字典《说文解字》解释仁字说："仁，亲也。从人二。"说明仁的基本字义是亲爱。清代学者阮元特别强调，仁字左边是人，右边是二，表示二人之间的亲爱关系，所以一定有两个以上的人才能谈到仁，一个人独居闭户，是谈不到仁的，仁是人与人之间的相互关系。阮元的这一讲法是对仁的交互性特质的阐明。②从文献来说，"仁"的概念在孔子以前指对双亲的亲爱，所谓"爱亲之谓仁"③。孔子以仁为最高的道德观念，孔子和孟子都强调仁者爱人，仁渐渐变为普遍的仁爱，不再专指对双亲的亲爱或对某些人的亲爱。孔颖达解释《中庸》言："仁谓仁爱相亲偶也。"当然，仁是爱，但爱不必是仁，因为爱如果是偏私的，则不是仁，仁爱是普遍的、公正无私的博爱。事实上，孟子更把仁扩大为"亲亲—仁民—爱物"④，仁爱的对象已经从社会伦理进一步扩

---

① 《国语·周语下》。
② 见阮元：《揅经室集·一集》卷八《论语论仁论》。
③ 《国语·晋语一》。
④ 《孟子·尽心上》。

展到人对自然的爱护。中国的儒学,始终把仁德置于道德体系和价值体系的首位。有些学者认为,仁的提出是对血缘关系和氏族民主的自觉转化,是中华文明连续性的一种体现。①

从另一个方面来看,仁的原始精神是要求双方皆以对方为重而互相礼敬关爱,即相互以待人之道来互相对待,以待人接物所应有的礼貌和情感来表达敬意和亲爱之情,展现了"仁"字中所包含的古老的人道主义观念。儒家则将之扩大为博爱仁慈的人道伦理,但"仁"并不主张单方面主观地表达自己的感受,而必须尊重对方。现代新儒家的代表梁漱溟,把中国文化的伦理概括为"互以对方为重",正是发挥了儒家传统仁学伦理的精神。②

因而,仁的实践有其推广原则,解决如何推己及人,这就是忠恕之道,特别是恕。恕即是孔子所说的"己所不欲,勿施于人"③,它可以保证因尊重对方而不会把自己的爱和好强加于他人,这在当今时代已经成为全球伦理的普遍原则。

其次为尊礼。古代中华文明被称为"礼乐文明",礼在古代儒家文化中占有重要的地位。孔子强调,礼的实践是行仁的基本方式。儒家思想是东亚轴心文明的代表,而轴心时代的儒家思想可以说与"礼"的文明有极为密切的关系。西周的礼乐文明是儒家思想的母体,轴心时代的儒家以重视"礼"为其特色,充满了礼性的精神。礼性就是对礼教的本性、精神、价值的理性肯定。

在儒家看来,道德是在人与人交往的具体行为中实现的,这些行为的共同模式则为礼。礼是相互尊重的表达,也是人际关系的人性化

---

① 最早提出这一点的是李泽厚,见氏著《中国古代思想史论》,人民出版社,1985年,页22、25。

② 《梁漱溟全集》第五卷,山东人民出版社,1990年,页706。

③ 《论语·卫灵公》。

形式。当然，古代历史文化的"礼"包含多种意义，古代礼书所载，更多的是属于士以上贵族社会的生活礼仪，规定着贵族生活与交往关系的形式，具有极为发达的形式表现和形式仪节。"礼尚往来"的古语正是指明古礼从祭祀仪式脱胎而发展为西周的交往关系的形式化规范体系。比较而言，古老的《仪礼》体系更多属于古代贵族生活的庆典、节日、人生旅程、人际交往的仪式与行为的规定。而后来的《礼记》则强调"礼义之始，在于正容貌，齐颜色，顺辞令"①，把礼作为行为规范体系，强调容貌辞气的规范和修饰是这一规范体系的基础，也是礼仪训练的初始入手处。古礼包含大量行为细节的规定，礼仪举止的规定，人在一定场景下的进退揖让、语词应答、程式次序、手足举措皆须按礼仪举止的规定而行，显示出发达的行为形式化的特色。这些规定在一个人孩提时起开始学习，养成一种自律的艺术，而这种行为的艺术在那个时代是一种文明和教养。子夏甚至说"君子敬而无失，与人恭而有礼，四海之内，皆兄弟也"②。做到了恭敬有礼，才能四海之内皆兄弟，达到人际关系的和谐。

历史表明，礼之"文"作为形式节目，是可变的，随时代环境的改变而改变；礼之"体"则是不变的基本精神原则。可以说，几千年来，中国文化培养了一种"礼教精神"，它起源于祭祀礼仪，而渐渐从宗教实践中独立出来成为人世的社会交往之礼；它通过包括上古以来各个时代的各种礼俗来表达，但又是超越了那些具体仪节的普遍精神，这是一种人文主义的礼性精神。礼的文化包括三个层面，礼的精神、礼的态度、礼的规定。我们可以说，中华文明的"礼"是以"敬让他人"为其精神，以"温良恭俭让"为其态度，以对行为举止的全面礼仪化修饰

①　《礼记·冠义》。
②　《论语·颜渊》。

与约束为其节目的文明体系。无论如何,礼不仅对个人修身有其意义,对社会更有提升精神文明的移风易俗的作用。在国与国的关系上,"好礼"则体现了尊重其他国家和人民的行为方式。

古代儒家的道德概念体系

西周、春秋的主导价值是"礼",这从《左传》的评价体系可以清楚地看出。春秋时代的德目表很多,虽然还没有统一的对于主德的认识,但大致可以说,"忠信"和"仁智勇"是春秋中后期主要的德行。《论语》中的孔子仍然对"忠信"很重视,《中庸》也肯定"仁智勇"为三达德。但是无论如何,到了春秋末期,在孔子思想中"仁"已经成为最重要的价值和道德德行。

"义"在春秋时已经受到重视,但地位还不突出,到了战国时代,孟子思想中,义和仁已经并列而称为"仁义",使得"仁义"开始一起成为儒家首倡的道德。特别是孟子以仁义礼智"四德"并列,经过后世的推崇,成为历史上最有影响的道德德目,仁义礼智"四德"也成为儒家提倡的最基本的道德。汉代在仁义礼智外又增加了信这一德目,使仁义礼智信五者与"五行"相对应,于是形成仁义礼智信"五常"。"四德五常"成为儒家两千年来的基本道德,影响中国社会至深至远。

在"四德五常"之外,在儒家推崇的"五经"、"四书"中还有其他一些道德德目,与"四德五常"一起构成了儒家的完整的道德德目体系,如孝悌、忠恕、中和、诚敬。在中国古代,在实际的社会生活中,这些德目和"四德五常"一起发生作用,共同支配了中国人的道德生活。最明显的例子是"孝",孝虽然不在五常之中,但没有任何人能否认,孝在中国人道德生活中占有重要而突出的地位。

孔子所力倡的"仁"学,在道德观念上已经突破封建的社会,也突破了血缘关系，而进至于更一般的人与人关系。至战国时代，"仁义"成为最重要的道德，这不仅因为孔孟先后提倡仁义，也是因为这一时代封建宗法制度处在衰朽变化之中，个人对宗法—政治关系的道德让位于含义更普遍的社会道德和人际准则。仁义礼智超出了特殊伦理关系规定的准则，超出了特定血缘伦理(孝)、特定政治关系伦理(忠)，具有更加普遍的美德意义以及人际关系准则的意义，从而被普遍接受。

关于"四德"之首"仁"的意义，历来很少争论，仁以博爱为主要内容，这至少从唐代韩愈强调"博爱之谓仁"以来已成为人们的共识。仁以爱人为核心，实际上仁又不止于爱，仁超越了亲属之间的亲爱，具有广阔深厚的含义。"四德"中的礼本来强调仪式、礼节的规定，注重行为面貌的修饰，故作为道德德目的礼是指尊礼、守礼。义的概念早期可能是强调对亲属以外的尊长的尊敬，后来越来越成为和羞恶有关的德行，而羞恶是强调道德善恶的分判，从而义演变为以坚持道义去恶扬善为内容。智是比知识更高一级的认识形态，作为道德德目是指对道德知识的辨识与掌握能力。可见，就作为个人道德的德目来说，"仁"是温厚慈爱，"义"是坚持道义，"礼"是守礼敬让，"智"是明智能辨，"信"是恪守承诺和信用。

需要注意的是，仁义礼智"四德"不仅具有作为个人道德德目的意义，还具有更广的社会价值的意义。如仁，孟子主张仁政，强调发政施仁，这里的仁已经不仅是个人道德，也是政治原则，故孟子说："天子不仁，不保四海；诸侯不仁，不保社稷；卿大夫不仁，不保宗庙；士庶人不仁，不保四体。"[①]面对更广大的世界，仁还扩展表达为"四海之内皆兄弟"、"天下大同"作为最高的社会理想。汉以后两千多年中国的政治文化在价值上、在理论上都是以仁为主导的政治和行政原则，如

---

① 《孟子·离娄上》。

《贞观政要》就是以仁义为基本价值之首。不仅在政治领域,由于儒家思想的影响,在中国两千多年的历史文化中"仁"已成为最具普遍性的价值。再如义,《左传》所说"多行不义必自毙",此义便是正义。孟子说:"杀一无罪,非仁也;非其有而取之,非义也。"杀一无罪即违反仁爱原则,把别人的所有取为己有即违反了正义原则,这些地方的义并不是指德行的义,而是道义、正义的义。可见义在古代很多地方都作为正义来使用。宋代朱熹常说义有刚毅果决的意思,强调义就是斩钉截铁地分判善恶,刚毅果决地去恶扬善,这都是指义的正义的含义及正义的实施特点。所以,仁义礼智"四德"不仅是个人道德,也是古代社会的社会价值。就社会价值而言,仁是仁政惠民,义是正义原则,礼是文化秩序,智是实践智慧。此外,古代对道德修养的方法非常重视,儒家经典中有很多为了养成道德的方法工夫,如克己、反身、存心养性、正心、诚意、戒慎恐惧、慎独,等等,儒家道德修养的资源非常丰富。从汉至唐,崇仁、贵和、尊礼、利群,已成为中国文化的核心价值。

中华文明的价值偏好与特点

　　一种既定文明的认知的、存在的方面属于世界观,而一种既定文化的道德的价值的评价原理则代表他们生活的基本方式和文化气质,表现了对他们自己和他们所处世界的根本态度。如果我们要阐述中华文明的哲学基础,将侧重于认知的、存在的方面,尤其是突出宇宙观的特性。这是因为,人对自己所在世界的总看法,一般来说是通过宇宙观来表现的。它主要体现在认识宇宙、世界是怎样存在、运动的,宇宙、世界是怎样构成的这些方面。也就是说,一般所说的世界观主要是指对世界的认识。但是世界观也同样还包含或表现为另一个方面,那就是人对世界所抱持的态度。人对世界的认识和人对世界的态度,两者是相互联系、相互贯通的。对世界的认识往往反映或影响了对世界的态度，或者造成了一定的态度；反过来也是一样，人对世界的态度来源于对世界的认识，或影响了他们对世界的认识。在这次演讲中，我们集中在中华文明对所处世界的态度，突出中华文明的价值观态度作为中华文明世界观的意义。我们将从几个方面来论述，一是人对他人、社群的态度，二是中国对外部世界或世界的其他部分的态度，三是中华文明对世界秩序的追求。态度也就是价值，因此本演讲更多陈述有关中华文明的价值追求。

中华文明的价值偏好是与其宇宙观相联系的。古典中华文明的哲学宇宙观是强调连续、动态、关联、关系、整体的观点，而不是重视静止、孤立、实体、主客二分的自我中心的哲学。从这种有机整体主义出发，宇宙的一切都是相互依存、相互联系的，每一事物都是在与他者的关系中显现自己的存在和价值，故人与自然、人与人、文化与文化应当建立共生和谐的关系。另一方面，中华文明的价值偏好又与中华文明的历史路径相关。许多历史学家都认为，中国古代是在基本上没有改变氏族结构的情况下进入文明社会的，因此政治社会制度架构保留了氏族社会的许多特点，三代以来一脉相传。这就是说，文明的政治和文化发展是有连续性的，这是中华文明之成为"连续性文明"的历史基础。这种进入文明社会的转变方式有人称为古代的维新制度，维新即不是断裂式的革命，而是包容性的改良、连续性的变化和发展。[①]根据这种立场，中华文明初期的氏族及宗法社会的文化与价值在中华文明连续性传承中延续、升华到了后来的思想世界。

价值观有不同的层次。如何把握中国传统价值观念，特别是在社会层面的价值观特色，是价值观研究的重要问题。价值观的特点一般

---

① 参看侯外庐：《中国思想通史》第一卷，人民出版社，1992年，页8-9。

是通过对不同理念、不同事物的比较、选择、取舍，而显示出其价值的偏好。因此我们讨论中华文明价值观的特色，就不能只看中国文化的道德概念本身，而要把西方文化，特别是西方近代文化的价值观作为比照的对象，来观察理解中华文明价值观的特色。

从这个角度来看，中华文明的基本价值、价值观和价值体系，与西方近代文明确有很大的不同。中华文明价值观念跟西方近代价值观相比，有四个基本特点。

第一个特点是"责任先于自由"。中国文化的价值观很强调个人对他人、对社群，甚至对自然所负有的责任，体现出强烈的责任意识。所谓责任，就是超越个体自我的生命欲望和生存需要，面对他人或更高的社会层次提出的对自我的要求。古代儒家的德行论非常发达，在春秋战国时代已形成完整的体系，而其中忠信仁义孝惠让敬，都是个人与他人和社会直接关联的德行。这些社会性德行的价值取向，都是要人承担对于他人、对于社会的责任，如孝是突出对父母的责任，忠是突出尽己为人的责任，信是突出对朋友的责任等。责任是相对权利而言，中国古代的道德概念"义"往往就包含着责任的要求。在儒家思想看来，个人与他人、与群体是一个连续的而不是断裂的关联，人在这种关系之中必须积极承担自己对对方的责任，以自觉承担对对方的责任为美德，以此来维护和巩固这种关系。这种责任之心是儒家文化养成的人的普遍价值心理。

在中国文化的理解中，个人不是原子，是社会关系连续体中的关联性存在一方。因此，注重关系的立场与个人本位的立场不同，它主张在个人与其他对象结成的关系中，人不是以权利之心与对象结成关系，而是以责任之心与对象结成关系。个人与他方构成关系时，不是以自我为中心，而是以自我为出发点，以对方为重，个人的利益要服从责任的要求。人常常为责任的实现而忘我，忘记其个人，责任往往成为个人社会实践的重要动力。这样的立场就是在人际关系之中的责任本位的立场。同时，由于个人是在社会关系网中的个人，个人与多种对象结成各种关系，因此个人的责任是多重的，而不是单一的，个人有多少角色，就相应地有多少责任。

儒家价值观始终表达了担当责任的严肃性。如孟子讲"君子自任以天下为重"，就是以天下大事为自己的责任。汉代人就明确讲要"以天下为己任"，己任就是自己的责任。中国从先秦的"士君子"，到汉代的士大夫，都很突出责任意识，强调对天下国家的责任，而不是突出个人的自由。汉代到宋代的士大夫，其责任意识的代表就是范仲淹提倡的"先天下之忧而忧，后天下之乐而乐"，这是在中国历史上最典型的例子。此后明代士人提出"家事、国事、天下事、事事关心"，明清之际顾炎武提出"天下兴亡，匹夫有责"，清代林则徐"苟利国家生死以"，都是中国文化中常见的士大夫责任语言，为大家所熟知，并深入影响到社会民间。

第二个特点是"义务先于权利"。西方社会自近代以来非常强调个人权利的优先性。但是在中国的思想中，特别是儒家思想中，则强调义务的优先性。20世纪大儒学家梁漱溟先生在山东、河北从事乡治的运动实践，他在实践中得到一种体会，这就是中国文化在人和人的关系中强调义务为先，互相承担义务是中国伦理的一个根本特色。他认为西方近代以来个人主义盛行，形成一种个人本位的社会，不胜其弊，而中国则以伦理为本位。他说："人生必有其相关系之人，此即天伦；人生将始终在人与人相关系中，此即伦理。亲切相关之情，发乎天伦骨肉；乃至一切相关之人莫不自然有其情，情谊所在，义务生焉。父义当慈，子义当孝，兄之义友，弟之义恭，夫妇朋友至一切相关之人莫不自然互有应尽之义。伦理关系即表示一种义务，一个人似不为其自己而存在，而以对方为重。近世之西洋人反是，处处形见其自己本位主义,一切从权利观念出发。"

从这个角度来看,中国人的伦理特别强调义务感。当然这种义务感是开放的,伦理的义务从家庭可以放大到宗族、社区,再到郡县、国家、天下、宇宙。总之,中国人的伦理观念强调义务感,义务取向的德行不是声张个人的权利,而是努力实现对他人的义务、履行自己身上所负的责任。梁漱溟认为,这种义务取向特别表现为如何对待自己和他人的关系。在他看来,在西洋是个人本位,自己为主;而在中国则是义务为主的观念,尊重对方,"从个人本位出发则权利的观念多,从尊重对方的意识出发则义务的观念多"。可见,权利成为近代西方社会的根本观念,而在中国文化中义务的观念居于根本地位。

第三个特点是"群体高于个人"。中国文化自西周后期兴起人文主义思潮,春秋时期已经明确提出以人为本的观念。近代西方在文艺复兴之后也倡导以人为本,但是西方近代的人本主义更多的是以个人为本;而中国文化的以人为本,不是主张以个人为本,而是强调以群体为本,所以在价值上群体是高于个人的。

根据中国文化的看法,人在世界上的生存不是个体的独立生存,一定是在群体之中的生存生活,人的道德的实现也一定要在社群生活中实现。超出个人的最基本社群单位是家庭,扩大而为家族、社区以及各级行政范围,如乡、县、府、省,直至国家。中华文明特别重视家庭价值,而家庭是第一个走出个人向社会发展的层级。中国文化的主流思想不强调个人性的权利或利益,认为个人价值不能高于社群价值,社会远比个人重要,而强调个人与群体的交融、个人对群体的义务,强调社群整体的利益的重要性。虽然,中国思想在古代并没有抽象地讨论社群,更多地用"家"、"国"、"社稷"、"天下"等概念具体地表达社群的意义和价值,而其所有论述,如"能群"、"保家"、"报国"等等都明确体现了社群安宁、和谐与繁荣的重要性,强调个人对社群团体和社会的义务,强调社群和社会对个人的优先性和重要性。在表现形式上,对社会优先的强调还往往通过"公—私"的对立而加以突出,"公"是超出私人的、指向更大社群的利益的价值。如个人是私、家庭是公;家庭是私、国家是公,等等。社群的公、国家社稷的公是更大的公,最大的公是天下的公道、公平、公益,故说"天下为公"。

总之,儒家伦理不是个人本位的,而是在一个向着社群开放的、连续的同心圆结构中展现的,即个人—家庭—国家—世界—自然,从内向外不断拓展,从而使得儒家伦理包含多个向度,确认了人对不同层级的社群所负有的责任。《论语》里讲"四海之内皆兄弟",《礼记》提出"以天下为一家",如果说家是中国人的基本观念,家庭关系是中国人的基本关系,则中国人早就把这个家的概念、家的关系扩大、扩充了。应该指出,中华文明的价值观结构是多元的,道家、佛教都提供了他们的价值观,成为中华文明价值观的组成部分。但儒家的价值观构成了中华文明价值观的主流,这是无疑的。同时,由于我们的视野关注在全球化时代的东西文化关系,集中于政治和道德价值,这也是我们在这里的讨论往往以儒家为代表而不及其他的理由。

第四个特点是"和谐高于冲突"。人类的文化史里充满了冲突、斗争、流血,东西方皆如此。但是相比较来讲,比起西方文化,中国文化更强调人间的和谐。中国文化注重以和为贵,中华文明强调追求多样性的和谐。

春秋时代的史伯提出"和实生物,同则不继",形成了中国文化"和而不同"的思想。"和"所具有的和谐的意义,在中华文明早期便开始发展。《尚书·舜典》记载,帝舜命其乐官要通过诗歌音乐,达到"八音克谐,无相夺伦,神人以和"。这说明古人已了解音乐的和谐作用,体现了早期智者对宇宙和谐的向往。古代中国人反复地以声乐之和比喻世界各种事物之间的和谐,从而成为一种普遍的追求,又如《左传》:

"八年之中，九合诸侯，如乐之和，无所不谐。"中国古人将音乐的和谐作为处理人与人、人与社会、族群与族群、人与天地等关系的模型，对"和"的追求也成为中国文化思想的普遍理想，塑造了中华文明的思维方式、价值取向。

这一思想对儒家也产生了重要影响，儒家经典《礼记·乐记》说："乐者，天地之和也；礼者，天地之序也。和故百物皆化，序故群物皆别。"这清楚地显示，人类的和谐在根本上来源于天地的和谐，即自然的和谐。和谐是一切事物的生成原理，没有和谐就没有万物化生，和谐的实现有着深刻的宇宙论的根源。宋代哲学家张载曾说"有象斯有对，对必反其为，有反斯有仇，仇必和而解"，强调从对立到和谐不仅是天地的法则，也是社会、人生的具有普遍意义的原理。

在西方的文化里有一种冲突意识，总是想用自己的力量，以自我为中心，克服非我、宰制他者、占有别人。因此，在西方历史上宗教战争非常残酷，在中国则没有出现过这样的宗教战争。甚至我们说，20世纪两次世界大战，其根源都不在东方文化。总体来讲，跟西方文化相比，中国文化强调和谐高于冲突。

中华文明的价值偏好与现代性价值的差异

轴心时代中华文明形成的基本价值成为主导中华文明后来发展的核心价值。经过轴心时代以后两千年的发展，中华文明确定地形成了自己的价值偏好，举其大者有四：责任先于权利，义务先于自由，社群高于个人，和谐高于冲突，以及天人合一高于主客二分。

中华文明的价值与现代西方价值有很大差异。如现代西方自由主义的道德的中心原则是个人的权利优先，人人有权根据自己的价值观从事活动，认为以一种共同的善的观念要求所有的公民，将违背基本的个人自由。而儒家和世界各大宗教伦理则都强调社会共同的善、社会责任、有益公益的美德。"社群"与"个人"、"责任"与"权利"是两种不同的伦理学语言，反映着两种不同的伦理学立场，适用于不同的价值领域。伦理学的社群—责任中心的立场必须明确自己的态度，即它应当在表明赞同自由、人权的同时，不含糊地申明它不赞成权利话语和个人优先的伦理立场。

在中国文化经历近代、现代的发展走到今天，面对现代化的社会转型和世界的变化趋势，毫无疑问，我们应当坚持和守护人权宣言中的所有要求，并努力使之实现。但是，这并不意味着自由、人权是最重要的价值，或伦理仅仅是为个人人权提供支持。应当指出，在伦理问题上，权利话语和权利思维是有局限的，是远远不够的，权利中心的思维的泛化甚至是当今众多问题的根源之一。权利话语又往往联系着个人主义。个人主义的权利优先态度，其基本假定是把个人权利放在第一位，认为个人权利必须优先于集体目标和社会共善。在这样的立场上，个人的义务、责任、美德都很难建立起来。权利优先类型的主张只是强调保障人的消极的自由，而不能促进个人对社会公益的重视，不能正视社会公益与个人利益的冲突。社群和责任立场要推进的是建设有积极意义的价值态度。20世纪的中国新儒家梁漱溟以中国文化的代表自任，以"互以对方为重"的责任立场反对以个人主义和权利观念作为人生根本态度，这在本质上也可以说是反对以自由主义作为人生的根本态度和根本的伦理原则。他所主张的是一种儒家的态度，可视为现代中华文明价值观对于权利伦理的一种态度。梁漱溟"以对方为重"的伦理观，或者说由梁漱溟所阐释的儒家伦理，确实具有与突出主体的意识不同，也与"交互主体性"观念不同的意义，是一种以"他者"优先为特征的伦理。在这种伦理中，不仅突出了对他者的承认，也强调了对他者的情谊、义务和尊重，这种尊重不是交换意义上的,而是不讲前提条件的"以对方为重"。

在西方文化的主流理解中,人权是个人面对国家而要求的一种权利。它是每个人都需要的、对其政府提出的道德的和政治的要求。在这里,个人的权利要求即政府的责任和义务,故人权观念只涉及政府的责任和义务,却无法界定个人对社会、家庭、他人的义务和责任。这样的权利观念是西方近代以来的自由主义哲学的核心,是近代市场经济和政治民主进程的产物。但由于把焦点集中在个人对社会的要求,而往往忽视个人对社会的责任;集中在个人对自己权利的保护,而忽视了个人也具有尊重他人权利的责任。

作为中华文明的核心,儒家伦理的价值在现代社会有不同的表达形式。例如,在现代东亚世界,新加坡"亚洲价值"的说法即是其中之一。新加坡亚洲价值的提法虽然可能受到有关亚洲文化包括西亚、南亚文化的质疑,不过,按李光耀的解释,他所谓亚洲价值主要是指东亚受儒家文化影响的价值体现。这些"亚洲价值"是东亚传统性与现代性的世界融合中所发展出来的价值态度和原则。这些原则根植于东亚文化、宗教和精神传统的历史发展,这些原则又是亚洲在现代化过程中因应世界的挑战,刬除传统不合理的要素,适应亚洲现代性经验所形成的。他所说的亚洲价值被概括为五大原则:一、社会与国家比个人重要;二、国家之本在于家庭;三、国家要尊重个人;四、和谐比冲突有利于维持秩序;五、宗教间应互补、和平共处。[①]

这五项原则中不仅有东亚的传统价值,也有百年来吸收西方文明和建立市场经济、民主政治过程中生长出来的新的价值,如尊重个人。因此,所谓"亚洲价值"并不是说它的价值体系中的所有要素只

---

① 引自吕元礼:《亚洲价值观:新加坡政治的诠释》,江西人民出版社,2002年,页59。

有亚洲性。现代亚洲的价值与现代西方的价值的不同，不是所有的价值要素都不同，而是价值的结构、序列不同，价值的重心不同。质言之，这是一套非个人主义优先的价值观，是新加坡版亚洲现代性的价值观，也是新加坡版的现代儒家文明的价值观。其核心是，不是个人的自由权利优先，而是族群、社会的利益优先。不是关联各方冲突优先，而是关联各方和谐优先。这种社群利益优先的价值态度，不能用来作压制人权的借口，它要靠民主制度和尊重个人的价值实现人权的保护。而与现代西方价值的不同在于，这种价值态度要求个人具有对他人、社群的义务与责任心，这种义务与责任心与社群的基本共识和共享价值是一致的。当然，新加坡的伦理还不是现代儒家伦理的全部，如现代儒家伦理除了强调社群价值和责任之外，还注重要求人保持传统的美德，认为这种美德既是人性的体现，又是社会普遍利益的升华。这种价值致力于社会和谐之外，也致力于人与人、人与社会、文化与文化、人与自然的共生和谐等。更重要的，即使是社会价值，现代儒家仍必须以仁为首位，这是与李光耀作为当政者的视角所不同的。

仁爱原则、礼教精神、责任意识、社群本位都是与个人主义相反的价值立场。由此发展的协同社群、礼教文化、合作政治、王道世界，是当今世界的需要。协同社群突出社群的意义，以对治个人主义；礼教文化突出道德意识，以区别律法主义；合作政治突出合作的政治沟通，以有异于冲突的政治；最后，王道世界是一种与帝国主义强力霸权不同的天下秩序。这四点都以仁为核心，仁是以相互关联、共生和谐为内容的基本原理，是与西方近代主流价值不同的普遍性文化原理。在当今社会它可以与西方现代性价值形成互补。

数年前，我提出了关于价值的"多元普遍性"的问题。我认为，我们必须尝试建立起"多元的普遍性"的观念。美国社会学家罗伯森

(Roland Robertson)在其《全球化：社会理论和全球文化》中提出，"普遍主义的特殊化"和"特殊主义的普遍化"是全球化的互补性的双重进程。①普遍主义的特殊化，其普遍主义指的是西方首先发展起来的现代经济、政治体制、管理体系和基本价值，这又可称为"全球地方化"。"特殊主义的普遍化"则是指对特殊性的价值和认同越来越具有全球普遍性，只要各民族群体或本土群体放弃各种特殊形式的本质主义，开放地融入全球化过程，其族群文化或地方性知识同样可以获得全球化的普遍意义，这是"地方全球化"。罗伯森的这一说法很有意义，但这种说法对东方文明价值的普遍性意义肯定不足。在我们看来，西方较早地把自己的实现为普遍的，东方则尚处在把自己的地方性实现为普遍性的开始，而精神价值的内在普遍性并不决定于外在实现的程度。东西方精神文明与价值都内在地具有普遍性，这可称为"内在的普遍性"，而内在的普遍性能否实现出来，需要很多外在的、历史的条件，实现出来的则可称为"实现的普遍性"。因此，真正说来，在精神、价值层面，必须承认东西方各文明都具有普遍性，都是普遍主义，只是它们之间互有差别，在不同历史时代实现的程度不同，这就是多元的普遍性。正义、自由、权利、理性个性是普遍主义的价值，仁爱、礼教、责任、社群、内心安宁也是普遍主义的价值。梁漱溟早期的《东西文化及其哲学》所致力揭示的正是这个道理。今天，只有建立全球化中的多元普遍性观念，才能使全球所有文化形态都相对化，并使它们平等化。在这个意义上，如果说，在全球化的第一阶段，文化的变迁具有西方化的特征，那么在其第二阶段，则可能是使西方回到西方，使西方文化回到与东方文化相同的相对化地位。在此意义上，相对于西方多元主义立场注重的"承认的政治"(the politics of recognition)，在全球

---

① 参看程光泉主编：《全球化理论谱系》，湖南人民出版社，2002年，页126。

化文化关系上我们则强调"承认的文化",这就是承认文化与文明的多元普遍性,用这样的原则处理不同文化和不同文明的关系。这样的立场自然是世界性的文化多元主义的立场,主张全球文化关系的去中心化和多中心化即世界性的多元文化主义。

中华文明的世界观:对外部世界的认知与态度

中华文明对世界的态度不仅是个人对他人、对所处社群的伦理态度,还包括对外部世界的文化—政治态度,"中华"、"天下"、"王道"、"怀柔"都是其中典型的观念或话语。所体现的基本观念是,文化高于种族,天下高于国家,大同是世界理想。

在古代中国,"中华"作为一个观念,不是一个国家或一个地域的名称,也不是就族裔血缘而言。"中华"之名指向一文化的集团,因此中国可以退化为夷狄,夷狄可以进化为中国。西周时期,周之同姓鲁国是中华,异姓的齐国也是中华,其是以华夏文化之礼乐文化为标准。此后几千年,南北各种族集团混合华夏族,皆成为中华。所以"中华"的意义是文化的,不是种族的。这表现出,在中华文明中,一般来说,文化的价值远远高于种族意识。

至于"天下"一词,在历史上的使用包含有三种意义。理论上,天下是"普天之下"的地理空间,没有界限,天下即今天所讲的世界,这是第一种。而在实际上,天下一词的使用往往有其界限,如在中国人的使用中,亦常见用来指古代中国天子实际统治、支配的范围,这个意义上的天下即指中国,这是第二种。最后,天下也用来指以中国为中心的同心圆世界与其结构体系,这是第三种。[①]第一种多见于儒家经

---

① 参看渡边信一郎:《中国古代的王权与天下秩序》,中华书局,2008年,页2—9。

典的文献，表达中国人对世界的认知与理想；第二种多见于中国政治的文献，用以处理中国内部的政治管理；第三种多见于中国涉及外部世界的文献，包含了中国关于世界结构秩序的想象。

就第二种而言，天下即中国本部，其地理范围即"九州"，这个意义的天下近于近代的国家。就第三种而言，天下是九州—四海—四荒的结构空间，九州是中心，四海是周边国家所居，四荒是更为辽远的远方世界，这个意义的天下近于世界的秩序。古代的中国，以文明中心自居，认为九州、四海、四荒的文明程度依次递减，而构想并实践了这样一种差序的世界秩序格局。[1]以明清时代的朝贡体系为例，在这种格局中，中国和周边世界的关系不是对等的，但中国对周边国家只实行"册封的统治"和"朝贡的规则"，而不干涉当地自主统治者的世系，也不要求直接统治其人民，其人民对中国皇帝没有租税的义务。在这种关系中，中国对周边世界，礼制的形式要求是最重要的，而中国天子不会贪图其土地财富。[2]

近代中国遭受帝国主义的压迫，知识分子有感而发，有人说中国人只知有天下，不知有国家，认为中国人只有世界意识而没有国家意识，希望用这种说法促进人们的国家意识，以建立近代民族国家。还有的说中国人一贯以为在中国之外没有世界，中国即是世界，世界即是中国，认为中国人只有中国意识而没有世界意识。这些说法都不确切，早在中国转型为近代国家以前很久，中国人已经建立了自己的国家认同，只不过这种国家认同与近代民族的国家认同形式有区别。就历史而言，秦汉以来，中国人清楚了解自己的边界是有限的，《史记》中就已经多处以"中国"和"外国"对举，汉代的人们已清楚认识到中

---

[1]　高明士：《天下秩序与文化圈的探索》，上海古籍出版社，2008年，页23。
[2]　同上书所引唐太宗语，页26。

国只是世界之中的一个国家。①

中华文明对外部世界秩序的政治想象和处置态度是以礼治—德治为中心的，这是从其本部事务"道之以德，齐之以礼"延伸出来的。儒家思想指导的对外政策，一般不主张扩土拓边，是以安边为本，睦邻为贵。②因而其对外部世界的态度，与近代意识形态取向的，或帝国主义的暴力的、反人道的霸权主义国际政策不同，总体上其宗旨不是武力取向的，而是和睦取向的，这与近代帝国主义以武力占领土地、侵夺财富是根本不同的。自然，在经验事实上，中国历史上也有个别皇帝曾经违背了儒家思想的指导，采取过武力攻伐周边国家的行为，但这是不符合中华文明的主流价值观的，在中国内部也受到批判和反省。

这种世界想象和政策的不同，直接来源于儒家文化对远人世界的态度。《论语·季氏》言："丘也闻有国有家者，不患寡而患不均，不患贫而患不安。盖均无贫，和无寡，安无倾。夫如是，远人不服，则修文德以来之。既来之，则安之。"就是用道德文明和文化吸引远人，并加以安抚。《礼记·中庸》："送往迎来，嘉善而矜不能，所以柔远人也。继绝世，举废国，治乱持危，朝聘以时，厚往以薄来，所以怀诸侯也。"还说："凡为天下国家有九经，曰：修身也，尊贤也，亲亲也，敬大臣也，体群臣也，子庶民也，来百工也，柔远人也，怀诸侯也。修身则道立，尊贤则不惑，亲亲则诸父昆弟不怨，敬大臣则不眩，体群臣则士之报礼重，子庶民则百姓劝，来百工则财用足，柔远人则四方归之，怀诸侯则天下畏之。"怀柔就是用德教的方式对待远人，吸引他们来归服。

事实上，中华文明在西周时代已经奉行这一态度。《左传》襄公十一年："夫乐以安德，义以处之，礼以行之，信以守之，仁以厉之，而

---

① 姚大力：《变化中的国家认同：对中国国家观念史的研究述评》，载《读史的智慧》，复旦大学出版社，2010年，页260。

② 虞云国：《古代中国人的周边国族观》，《中华文史论丛》2009年第1期，页239。

后可以殷邦国,同福禄,来远人,所谓乐也。"《周礼·春官宗伯》:"以和邦国,以谐万民,以安宾客,以说远人。"这种"宣德化以柔远人"的对外观念在中华文明中是根深蒂固的。古代的中华文明虽然在当时是先进而强势的文明,而傲慢从来不是中华文明崇尚的德行。富而不骄,强而好礼,是中华文明崇尚的德行;强不胁弱,强不犯弱,强而行礼是中国人看重的文明,"强而无义无礼"则不是文明,是不及于文明。

如果把天下作为世界的观念,对于这样一个世界秩序的合理性思考,可见于孟子阐发的有关"王道"世界的思想。孟子对"王道"和"霸道"的区分是:"以力假仁者霸,霸必有大国;以德行仁者王,王不待大。""以力服人者,非心服也,力不赡也;以德服人者,中心悦而诚服也。"[1]在这样的思想指导之下,"王天下"的仁政和"天下为公"、"天下大同"的理想打开了在政治—地理结构之外的"天下"的道德向度。

关于中国人的世界意识,需要指出的是,在秦以前,天下作为周王朝的代名词,是高于诸侯国之国的概念的,"天下"也代表比"国"更高一级的统一性价值。两周的诸侯国虽然各自为政,但都承认周为封建天下的共主,也都以周文化为共同文化的典范。春秋五霸迭兴,周所代表的超越诸侯国的更大领域的政治边界仍是各国政治意识的重要部分。尽管春秋末期至战国时代周的那种高于"国"的一统性已经渐渐流为形式上的一统性,但这种高于"国"的"天下"观念仍影响着这个时代以及后世的政治想象,如孔子时代礼崩乐坏,但孔子仍坚持"礼乐征伐自天子出",即应自周天子出;孟子的时代,士的政治视野始终并不限止在诸侯国内,而以王天下为政治目标,"天下"即超越各诸侯国的更大世界。《大学》所代表的观念,也是在"治国"之上还有"平天下"的追求。秦汉时代的中国实行郡县制,在政治体制上天下即国

---

① 《孟子·公孙丑上》。

家,国与天下合一,不会追求超过中国的更大政治一统性。但是,由于在事实上中国之外还有外国,特别是在儒家经典中"天下"大于、高于"国家",使得人们的政治意识不会终止于"国家"。国家并不是最高的概念,这已经成为中国人的天下观或世界观。[①]在这个意义上,"天下"表达了中国人的世界意识,《礼记·礼运》说"以天下为一家,以中国为一人",大同的世界是互助友爱、安居乐业、社会平等、国际和平的世界。天下大同的理想即世界大同的理想,依然是儒家的理想。

中华文明的普遍性理想:追求多样性的和谐

《国语·郑语》记载春秋时代史伯的话:"夫和实生物,同则不继。以他平他谓之和,故能丰长而物归之;若以同裨同,尽乃弃矣。故先王以土与金木水火杂,以成百物。是以和五味以调口,刚四支以卫体,和六律以聪耳,正七体以役心,平八索以成人,建九纪以立纯德,合十数以训百体……夫如是,和之至也。于是乎先王聘后于异性,求则于有方,择臣取谏工而讲以多物,务和同也。声一无听,物一无文,味一无果,物一不讲。"这种思想认为,不同事物的调和是事物得以产生的根本,相同事物的单纯重复或相加却不能生成。在这个意义上,他者的存在是生成新事物的前提,如五行被认为是五种最基本的元素或材料,五种不同的元素或材料相互结合而生成一切事物,其道理就在于此,这就是"和而不同"的原理。这种反对单一性,认为多元性是繁盛发展的根本的思想,是一种真正的智慧。这种观点强调多元要素的配合、调和、均衡、和谐远远优越于单一性,认为单一性只能阻遏生成发展。《左传》昭公二十年也记载了春秋后期晏婴关于"和"的思想:

---

① 参看赵汀阳:《天下体系》,江苏教育出版社,2005年,页44。

"若以水济水,谁能食之? 若琴瑟之专一,谁能听之? 同之不可也如是。""和如羹焉,水火醯醢盐梅以烹鱼肉,燀之以薪。宰夫和之,齐之以味,济其不及,以泄其过。"不同事物的调和、互补、融合才能生成繁盛的、新的事物。差别性、多样性、他性的存在是事物生长的前提,差别的多样性的调和才是生生的根本条件。这种辩证的思维在孔子以前已经发展,成为中国哲学固有的崇尚多样性的思想资源,应用于政治、社会、宇宙生成等领域。

至于"和"所具有的和谐的意义,更在中华文明早期便开始发展。如前面提到的,《尚书·舜典》记载,帝舜命其乐官要通过诗歌音乐,达到"八音克谐,无相夺伦,神人以和"。这说明古人已了解音乐的和谐作用,并期望歌乐的和谐能使人与神达到一种和谐的关系。春秋时代的人继承了这种思想,也主张通过各种乐声之"和",扩大到超越人间的"和",即"以和神人"①,体现了早期智者对宇宙和谐的向往。古代中国人反复地以声乐之和比喻世界各种事物之间的和谐,从而成为一种普遍的追求,又如《左传》襄公十一年载晋侯曰:"子教寡人和诸戎狄以正诸华,八年之中,九合诸侯,如乐之和,无所不谐。"中国古人将音乐的和谐作为处理人与人、人与社会、族群与族群、人与天地等关系的模型,对"和"的追求也成为中国文化思想的普遍理想,塑造了中华文明的思维方式、价值取向、审美追求。

孔子的孙子子思在《礼记·中庸》中提出:"中也者,天下之大本也;和也者,天下之达道也。致中和,天地位焉,万物育焉。"中是中道平衡原理,和是和谐原理,平衡与和谐不仅仅具有人类的意义,更是宇宙普遍的法则,人必须与宇宙一致,奉行平衡与和谐的原则,其结果将不仅是人类社会的繁荣,也必将促进宇宙的发育和秩序。这正是一种

① 《国语·周语下》。

所谓关联思维的体现。而人与自然的和谐统一,汉代以后被表达为"天人合一",成为中华文明一种内在的价值理想。

从战国到汉代到宋代以后,天人合一的观念一直很发达。所谓天人合一就是注重人与自然的和谐合一,注重人道(人类社会的法则)和天道(宇宙的普遍规律)的一致,不主张把天和人割裂开来。天人合一思想不是强调征服自然、改造自然,不主张天和人的对立,主张天和人的协调。根据这种思想,人不能违背自然,而应当在顺从自然规律的前提下,以人的行为与自然相协调。古代的天人合一思想,一方面注重人是自然的一部分,注重人在自己身上体现自然的本性,致力于人与自然的统一并与自然融合一体。另一方面也主张人主动配合天地的生生变化,在与自然相协调的同时,协助并促进宇宙的和谐与发展。这种追求人与自然普遍和谐的思想对纠正那种无限制地征服自然,不顾及环境与生态的平衡,寻求全面、协调的社会经济发展,有其合理的现实意义。

把追求永久和谐作为对待外部世界的态度,在中华文明中也是源远流长的。《尚书·尧典》提出:"克明俊德,以亲九族。九族既睦,平章百姓。百姓昭明,协和万邦。"之后"协和万邦"便成为中华文明世界观的典范。类似的说法还有"以和邦国,以统百官,以谐万民"[①]。孔子早就用"和"作为对外部世界的交往原则,"'柔远能迩,以定我王',平之以和也"[②]。《周易·乾卦象辞》说:"首出庶物,万国咸宁。"这也是与协和万邦思想一致的,一个和平共处的世界,是中华文明几千年来持久不断的理想。

汉代以前,受交往的限制,中国还不能明确提出一个无中心的、

---

① 《周礼·天官冢宰》。

② 《左传》昭公二十年。

多文明的、共同体世界的概念。由于魏晋以后印度文明与中华文明的交流，特别是佛教从印度的东传，使得中国文化不仅吸收了佛教文化，而且在意识中明确了解到在中华文明之外存在着其他的高级文明，这种文明在一些地方甚至高于中华文明。这使得中国人开辟了多元的文明视野，而且中华文明与印度文明的交流始终是和平的。由于佛教的传入和发展，各个王朝大都同时支持三教，在中国后来的思想界也流行所谓"三教合一"的口号，表明不同宗教有可能互相融合，从而使宗教战争在中国与外部世界之间不可能发生。这样一个不同文明、多元宗教融合的传统，是古代中国"和而不同"观念的文化实践，也是中华文明至少自唐代以来的重要的处理宗教文化的资源。这都表明，中国文化所追求的和谐是以多样性共存互补为前提的和谐观。

全球化已经使全世界在经济、技术和市场、金融、贸易各个方面密切了相互关联，世界比以往任何时候都更增加了各个领域的相互联系，而人类的处境却并没有因此变得更为美好。冷战结束以后局部的战争并没有停止，巴尔干、非洲、伊拉克、阿富汗，在西方的介入下，战争与混乱交织。全球化潮流所往，南北的差距并没有缩小，发展中国家在全球化中得到的不仅是机会，还有灾难。全球的或地域的共同体建构，虽然迫切，但困难重重。美国的金融海啸显示出市场资本主义的内在危机，而欧洲的财政危机愈演愈烈，使得这一危机更加深重。面对这些问题，使我们相信，仅仅依靠西方现代性价值——自由、民主、法律、权利、市场、个人主义去解决，是不可能的。我们必须开放各种探求，包括重新发掘东亚文明的价值观和世界观，发挥关联性、交互性伦理，发挥道德和礼教意识，使当今这个令人不满意的世界得以改善。

国学流变简说

　　与世界上其他古文明是在较小地理范围内展开不同，中华文明一开始就是在黄河－长江两大流域为主的广大地域中形成和发展起来的，它承载和积聚了规模巨大的人口，赋予了中华文明巨大的稳定、吸纳和整合的力量。在人类历史上，有的文明有古无今，有的文明有今无古，中华文明则有古有今，它在先秦时代就已达到辉煌的程度，又经历秦以后两千多年的发展，是世界上唯一不曾中断的、生生不息的连续性文明。中华民族与中华文明是以汉族及汉字文化为主体的，但中华民族自始以来就是在多民族融合的多元一体格局中形成发展的，中华文明也是由汉族和各民族共同创造的。中华文明的基础是农耕文明，而中华文明是世界上农耕文明发展最充分的文明，在农耕文化的基础上产生的"天人合一"、"天下和平"及家族伦理观念得到了特别突出的发展。除了思想、学术、文艺、科学的丰富创造外，中华文明在其长期发展中贡献了独特的制度发明，如汉代大一统的中央集权与郡县制的结合，唐代科举制度的出现，这些制度发明也为中华文明的长久赓续发挥了积极作用，对作为上层建筑的文化发展也起了重要作用。中华民族的文化在历史上的繁荣发展，不仅是内部各民族文化交融的结果，也是不断吸收外来文化，壮大、更新自己的结果，显示了中华文明广博的包容性。因此，中华文明不是孤立发展的，是在特定历史条件下，在地理、政治、经济、社会、制度、对外交流等多种因素的影响及相互作用中发展的。同时，中华文明的精神、中华文明的发展也对中华民族生生不息的发展提供了精神动力：自强不息的精神使得中华民族在危难中奋发有为，不断前进；厚德载物的精神使得中华民族能容纳百川，不断丰富壮大。中华民族的民族精神与中华文明的基本精神，互为体现，在中国几千年的历史发展中发挥了重要的功能，为中华民族提供了强大的凝聚力、顽强的生命力以及巨大的创造力。

英国著名历史学家汤因比说："就中国人来说，几千年来，比世界上任何民族都成功地把几亿民众，从政治、文化上团结起来。他们显示出这种在政治、文化上统一的本领，具有无与伦比的成功经验。"

今天，弘扬民族精神，就是要把那些在历史上促进中华民族发展壮大，体现和促进了中华民族的生命力、凝聚力、创造力的优秀精神文化发扬起来，把中华文明的价值观念和传统美德弘扬起来，并加以新时代的创新发展，以加速实现中华民族和中华文明的伟大复兴。

中国文化源远流长，博大精深。所谓"国学"，即近代与西方文化接触以前，中华民族历经数千年发展所创制形成的固有的学术文化体系。如果从夏代算起，这一学术文化体系的产生、形成、演变，至19世纪后期，已经历了四千年左右的长期发展，这一体系以经、史、子、集、儒、道、佛为主要内容，记载了中华民族自古以来在建设家园的奋斗中开展的精神活动和取得的文化成果，集中反映了中华民族的精神追求，全面呈现了中华民族的精神世界，是中华民族生生不息、发展壮大的重要滋养。中华文明在人类文明史上独树一帜，对人类文明作出了重大的贡献。中国学术文化是整个中国文化的精华与核心，中国学术虽然不是中国文化的全体，但其中集中体现了中华民族的文化创造和价值理念，是中华民族的宝贵财富，我们必须加以总结，在新的历史条件下努力传承创新。

以下我们把中国学术文化史上每一时期占主导地位的学术形态，以及历代学术流变的大略，作一简要的陈述和介绍。

汉字与典册

夏是中国历史上第一个文明国家王朝，从夏到商、周，是中华文明的起源时代。这个时代出现了两项具有重大意义的文化创造，在根本上决定和影响了后世中国学术的发展，这就是汉字的发明和"六经"的形成。

汉字是中国文化的基本载体，是中华文明最根本的发明，也是中华文明起源时期最重要的独特的文化创造。有了汉字及其体系的形成，中华民族的各方面文化创造才可能以文字的形式代代传承，不断发展。汉字的产生约在夏、商之际，商代甲骨文字是目前所见的最古老的汉字字体，甲骨文是刻写在龟甲和兽骨上的文字，在安阳殷墟发现的商代后期的甲骨卜辞是现在所见的最古的成批汉字，距今三千余年，其中汉字已有4500个左右，已考释出2000个。目前已出土的甲骨超过10万片，刻写在这些甲骨上的汉字总数约达100万字。由殷墟甲骨文可见，当时的汉字已形成了完整的文字体系，能够完整地记录当时的语言，由此亦可知汉字的起源当更早。甲骨文有大量象形字和会意字，也有大量的假借字，已经有了不少形声字，已经是一种成熟的文字体系了。从甲骨文、金文到以后的发展，汉字体系越来越成熟。中华文明地域辽阔，各地方言差异很大，而汉字的体系可以通行不同的方言区，便利并促进了不同地区的文化交流，对中国的政治、文化的统一起了十分重要的作用。汉字在相当程度上影响了中华民族的思维方式、表达方式，中国学术文化的形成和发展都离不开汉字体系。而且，传统汉字的文字学在汉代以后得到充分的发展，成为中国古代学术的重要组成部分。在中华文明的历史长河中，以汉字为基础的文化一直是这一学术文化体系的主体，汉民族和少数民族的文人学者都对这一主体作出了贡献。

由汉字书写的典籍是中华学术的呈现形式。我国的典籍起源甚早,保留在战国典籍中的《夏小正》,相传就是夏代的历书,也是中国现存最古老的历法文献,在当时已经达到很精密的水平。《尚书》中说"惟殷先人,有典有册",文字写在竹简上编连为册,说明商殷时已经有典册的文献了。早期的典册以记录为主,到西周和春秋时期,典册的发展已经蔚为大观,据《楚语》记载,春秋中期楚国用以教授太子的书籍就有《春秋》《世》《诗》《礼》《乐》《令》《语》《故志》《训典》等。其中的《春秋》就是一种史书,孟子说:"晋之《乘》,楚之《梼杌》,鲁之《春秋》,一也,其事则齐桓晋文,其文则史。"可见,各国还有不同名称的史书。《墨子》中提到"周之《春秋》、燕之《春秋》、宋之《春秋》、齐之《春秋》",甚至说"吾见百国《春秋》",可见各国皆有史书,编年的史书皆称《春秋》。据《左传》,春秋时还有《三坟》《五典》《八索》等古代流传下来的文献,战国时代各国还有《史记》,此外还有《世本》《竹书纪年》等史书。美国汉学家牟复礼说:"早期文明中,再无像中国这样,有如此广泛而繁多的文献从公元前500年以前流传下来,也没有比中国更重视书写和研究文献的。"

"六经"的形成

而从西周至春秋,在所有的典册文献中,不论在当时或是后世,最重要的是《诗》《书》《易》《礼》《乐》《春秋》。如《诗》《书》《易》在春秋时代已经在政治、外交、社会生活中被人们反复称引,成为具有无可置疑的权威性经典。这六部典籍,在春秋末期经孔子的整理删定,战国时已被称为"六经",如《庄子·天运》:"孔子谓老聃曰,丘治《诗》、《书》《礼》《乐》《易》《春秋》'六经',自以为久矣。"《庄子·天下》:

"诗以道志，书以道事，礼以道行，乐以道和，易以道阴阳，春秋以道名分"，叙述了"六经"的文化思想特色。

《诗》后称《诗经》，是我国最早的诗歌总集，其中分风、雅、颂三大类。雅是贵族宴会的乐歌，颂是贵族祭祀的乐歌，风则多是各地民间的民歌，大部分是西周至春秋早期的作品，也有少量商代的作品。《书》后称《尚书》，是我国最早的政治文献汇集，分虞、夏、商、周四部分，主体是《周书》即西周的政治文献。《易》又名《周易》，后称《易经》，是古代周易系统占筮的典籍，《周易》的经文为六十四卦与卦辞、三百八十四爻与爻辞，是西周史官依据占筮经验积累而成，其中包含了中国早期的哲学思想。《礼》后称《礼经》，后世称《仪礼》，是西周、春秋礼制的汇集，记述了古代的礼俗制度，如贵族社会的冠婚丧祭、朝聘乡射诸礼。"六经"中的《春秋》特指鲁国的编年史书，《乐》是指关于音乐的理论与制度。"六经"成书于孔子之前，它不是某一家一派的经典，作为夏、商、周三代的中华文明智慧的结晶，"六经"是中华文明的原始经典。其中凝结着中华文明早期形成、发展的历史智慧和主流价值，如敬德、保民、重孝、慎罚、协和万邦，体现了中华文明历经夏、商、周一千多年甚至更久远发展所累积的政治智慧、道德观念、审美精神，成为此后中国文化发展最主要的历史渊源，是中国学术发展的总源头。

夏、商、周三代的文明是礼乐文明，礼乐文明是中华文明早期发展的特色，是"六经"文化得以产生的丰厚土壤，而"六经"又是礼乐文明的核心成分。在先秦，"六经"不仅属于儒家，更是三代主流文化的经典。"六经"中突出体现了理性精神和人文精神，《诗》《书》都把对神的信仰转为对现实人生和事务的思考，远神而近人，关注政治和教育。"六经"也体现了历史精神，《书》中保留许多历史文献，《诗》中也包含许多历史情实，《春秋》是编年历史，体现了中国文化对历史经验的看重。"六经"也彰示了道德精神,"六经"的历史记述含有价值批判与人格评论,《诗》有颂刺、《春秋》有褒贬,都显现出"六经"的道德精神。孔子生当春秋末期,对"六经"作了删订整理,对"六经"文本的确定和流传起了重大的作用,也使"六经"的人文精神、理性精神、历史精神、道德精神更为突出,对后来的中国文化产生了重大影响。"六经"对现实政治社会的范导作用也因孔子而更突显出来,如孟子说"孔子作《春秋》而乱臣贼子惧",孔子对《春秋》的修订,突出"惩恶扬善"的史学功能,其道德史观对后世史学的影响历久而不衰。不仅如此,孔子开创的儒家学派以传承"六经"为己任,成为先秦百家中唯一重视文化传承的学派。由于"六经"是儒家传承的经典,故后人把"六经"视作儒家尊奉的经典,也表明儒家文化是延续、承接着中华文明主流文化而来,孔子是三代文明的传承与总结者。《史记》记载司马迁的父亲司马谈说"儒者以六艺为法,六艺经传以千万数",这里的"六艺"即指"六经",已可见先秦的儒家在传承"六经"方面的贡献了。

秦始皇焚书后而《乐》失,只存"五经",故汉武帝立五经博士。后增加《春秋》三《传》、三《礼》,及《论语》、《孝经》、《尔雅》、《孟子》,至唐宋而成为"十三经"。"十三经"的核心与主体仍是"五经"的体系,而这一体系已经充满了儒家的解释、发挥。

百家争鸣

礼乐文明在周代达到了繁盛期。春秋末期,礼乐秩序逐步解体,思想文化转入一个新的时代。春秋末期至战国时代,是诸子百家的时代。由于春秋后期宗法政治秩序的解体而"礼崩乐坏",士的阶层由原来贵族阶级中游离出来成为私人讲学、著书立说的知识人,于是以前由贵族执掌的学术走向民间。私人讲学的发展,推动了学术的自由发展,而社会的大变动引发了对社会的思考和人生的深度反思。从春秋末到整个战国,这一时期出现了孔子、墨子、老子、庄子等一大批哲学思想家。当时弟子称老师为子,故称为诸子。诸子之学及其传承后又称子学。诸子之学的内容虽然部分地有其历史渊源,但诸子之学的兴起主要是大变动时代所引发的对社会和人生的反思。其中,孔子开创了儒家学派,墨子开创了墨家学派,老子、庄子开创了道家学派,各家蜂起,故称为百家。诸子百家互相争辩,形成了“百家争鸣”的自由争论的局面,推动了学术思想的大发展。战国时各国君主礼贤下士以广开治国思路,学术政策宽容,为士人探求新的思想创造了有利的政治环境和生活环境,促使不同观点的各种著作如雨后春笋般涌现,《庄子·天下》“百家之学或称而道之”、《荀子·解蔽》“百家异说”的说法都是当时状况的真实反映。诸子百家的学术繁荣可以与古希腊哲学思想的繁荣相媲美。诸家之中最突出的是六家,即儒家、墨家、道家、法家、名家、阴阳家。儒家注重历史,传承文化,倡导仁政爱民,强调伦理秩序,重视道德修身;道家追求清静,注重无为,主张自然,倡导超离世俗的逍遥自由;墨家提倡兼爱非攻、主张非命强力,反对繁饰礼乐,后期墨家对名、辞、说等思维形式做了研究;法家注重法令,重视刑罚,强调富强,关心实际运作;名家重视名实关系,议论合同异、离坚白,辩论白马非马,注重概念推理的研究;阴阳家倡导阴阳五行,提出五德终始以解释历史,重视研究天人之际,对天学律历有所贡献。百家之中又以儒、墨、道、法四家为最重要。与古希腊哲学家更重视对自然的追求不同,诸子百家更重视对人生与社会的理解。战国初期,儒、墨并称显学;到战国后期,儒、道两家在哲学思想上影响最大。在此后的中国文化历史上,在精神的发展方面,形成了以儒为主、儒道互补的基本格局。在政治的发展方面,形成了以儒为主、儒法并用的实践体系。儒家崇仁、道家贵和、墨家尚力的价值在后来的历史发展中对中国文化基本价值的形成都产生了深刻影响。不同的思想体系都提供了他们的价值观,成为中华文明价值观的组成部分,而最终儒家的价值观构成了中华文明价值观的主流。

　　诸子百家提出了各自不同的哲学思想和学术主张,这是中国学术史上最为自由、活跃、繁荣的时期,这个时期也正是西方历史学家所称的"轴心时代"。诸子百家是中国文化精神的一大飞跃,开创了中国学术思想的黄金时代,这一时期中国哲学思想的灿烂发展,在世界文化史上具有标志性的意义。六家之外,加上纵横家、杂家、农家就是"九流",再加上小说家即为"十家"了。这是后来汉代的说法,其实还有兵家、医家等。诸子百家时代的学术思想奠定了此后中国哲学思想发展的源泉,也促进了同时代学术的全面发展,如左丘明的《左传》是编年史学的里程碑,也是中国历史文学的开创之作。屈原的《楚辞》是《诗经》后第二部诗歌总集,《离骚》、《九歌》等都是不朽的文学诗篇。战国时代甘德、石申著有《岁星记》、《天文星占》、《石氏星经》等书,在天文历法方面已达到很高水平。在医学方面出现了最早的医典《黄帝内经》,以阴阳五行解释病理,《墨经》中记载了当时物理学的知识和技能,《周髀》中也包含有东周时期的天文学成就。

两汉经学

　　孔子删定"六经",此后儒家不断传承"六经"。儒家的传经亦分为多家,据《汉书·艺文志》,在孔子和七十子之后,"《春秋》分为五,《诗》分为四,《易》有数家之传"。战国时期儒家传承"六经"的重要方式是通过为"六经"作传、序、记来解释"六经"的义理,并通过此种对经典的发挥来发展儒家思想。如《易传》《礼记》《诗序》《书序》、《春秋传》等，这些战国时代的解经著述到汉代便开始被归入"五经"的体系之中了，如《易传》十翼到汉代已附经而成为《周易》一书的必要部分了。《易传》发挥了《易经》的哲学观念，不是把世界理解为神的创造物，而是把世界理解为生生不息、永恒变化、阴阳协调的自然总体过程，在根本上确立了中国哲学的世界观。

　　经学的真正确立是汉武帝时代，先秦的"六经"到汉代时《乐》已遗失，唯有"五经"。汉武帝接受了董仲舒"独尊儒术"的建议，置五经博士，罢百家之学的博士，太学收博士弟子50人，昭帝时增至200人，元帝时增至千人，王莽时博士弟子达万人，东汉时达3万人。博士弟子毕业后优秀者可任政府官员或地方属吏，改变了政府人员的构成，文人为主的政府得以实现。五经博士及其弟子员，以"五经"为研习对象，从而形成经学。从中国文化的历史来看，经学出现的前提是汉王朝运用国家的力量把历史上自然形成的文明经典宣布为国家经典、设立博士制度专门研究，于是"五经"成为国家政治、法理、意识形态的根据。把中华文明的经典在国家制度的层面确立其地位，保证其传习，欲使之永久不变，客观上为中华文明的传承建立了体制的保障。这也就确立了经学在中国学术体系中的核心地位，经学学术于是大大发展起来，成为汉代学术的主流形态。孔子儒家对学习的重视与经学结合一起，赋予了中华文明作为一个崇尚学问的文明的特色。汉代儒学和经学合为一体，儒学也确立起了作为主流思想的地位，与中央集权的统一相适应，儒家主张的"五伦"（父子有亲，君臣有义，夫妇有别，长幼有序，朋友有信）与"五常"（仁、义、礼、智、信）作为社会伦理道德也因"六经"和儒家的主流地位而得以明确确立。这一时期还提出了"实事求是"的思想，成为影响后来中国学术史的重要思想。经学地位确立后，汉代出现了一批著名的注释家和注释作品。也应指出，西汉前期推崇道家,汉武帝独尊儒术,此后诸子之学中,除了儒家和道家外,其他的逐渐衰微了。

秦始皇焚书,造成文化典籍的浩劫,《乐》书之外,"五经"赖儒生而保存下来。汉初经过整理,"五经"各有传承,武帝立五经博士,所用的经书文本即是用汉代文字整理书写的,称为"今文经"。西汉景帝以后,陆续在孔壁等处发现与"五经"有关的战国文本,用战国文字书写,故称其为"古文经"。古文经与今文经的不同主要是古文经的文字和篇章与今文经有所不同,如汉武帝时于孔府旧宅壁中得《尚书》,较汉初伏生所传《尚书》多16篇,而且还发现了一些今文所未传的经典,如《周官》《左传》等。因为西汉武帝以后所立的五经博士都是今文经,西汉末刘歆便要求把古文经也立于学官,因一时未能实现,于是引起了今古文经学的分立和争论。今文经学利用对《春秋公羊传》的解释,重在发挥微言大义,在西汉是主流。如董仲舒力图用阴阳灾异说的经学约束大一统的君权,以引导治国理政。古文经在东汉昌盛发展,注重章句文字训诂,突出历史和文献的研究。经学的这种内部分歧、相争促进了经学的发展。在学术思想上来看,今、古文经学代表了两种学术精神和方法,今文经学注重思想,发挥政治哲学和历史哲学,强调通经致用,但弊病是与当时的谶纬结合而流于神秘。古文经学关注文本的章句训诂和对典章名物的解释,突出还原历史和文化传承,学术性贡献良多,弊病是流于烦琐的文献考证而脱离思想和生活。东汉章帝时的《白虎通义》主今文经学,表现出对经学大义与社会价值的强调,以维护主流思想,带有一定的理论总结性。东汉古文经学家郑玄遍注群经,对古代制度名物做了广博专深的研究,结合今、古文两家,成为汉代经学学术的集大成者。今、古文经学的两种学风及其分立,具有一定的普遍意义,因而在后来的中国学术史上影响深远。

《史》、《汉》与《说文》

中华文明富于历史观念的特性在汉代得到充分体现。汉武帝时司马迁完成了伟大的《史记》，他对《史记》的著述旨趣曾作说明"欲以究天人之际，通古今之变，成一家之言"。把宇宙变化与人文历史相连接，而求其统一与差异，此即"究天人之际"；把历史的古今变化相贯通，以认识历史的趋势，这是"通古今之变"。由此确定了中国史学的理想目标，也奠定了中国史学的根本精神。《史记》由十二本纪、十表、八书、三十世家、七十列传五大部分组成。其中"本纪"按年代记载一代盛衰大事；"表"以记录某些历史现象的变化；"书"用来记载典章制度和经济文化现象，具有专史性质；"世家"融合本纪、列传的形式记录诸侯及主要历史人物的家族历史；"列传"主要记载人物。《史记》将这五种体裁形成一个整体，突出以人为本，符合中国传统的人文主义文化精神，创建了全新的综合性的史体——纪传体。司马迁创造的纪传体史书成为中国史书的最主要体裁，此后一直居于主导地位。《史记》是一部具有世界视野的宏大的中国通史，与汉代大一统国家的规模气度相符合。

东汉初期的班固作《汉书》，这是我国第一部纪传体的王朝断代史，记述了西汉二百余年的历史，其结构由纪、表、志、传四部分组成。《汉书》对史记体例作了调整改进，去掉"世家"，将其并入"列传"，简化了纪传史体例，篇目也更加整齐。尤其是地理志、艺文志、五行志等的增加，扩大了纪传体史书的内容，成为此后断代史的范例。史学是中国学术最稳定的部门，没有学派纷争，而其他学术部门的纷争则往往要通过归向史学来解决，史学渐渐成为中国学术的骨干。当然，在中国学术的体系中，史学也会受到经学及其价值观念的制约。无论如何，就古代文化而言，中国古代史学内容的丰富、形式的多样、制度的完备、理论的精善，是世界历史上所仅见的。梁启超曾说"史学在世界各国中，惟中国为最发达"，可见中国古代史学对世界文明史的贡献。

两汉时与"六经"成书的时代相隔已久，经书中的语词多不易理解，加上流传中文字的变易需要说明，西汉已经有了最早的训诂词典《尔雅》，后来竟列入"十三经"。《尔雅》全书收词语4300多个，分为2091个条目，是第一部按照词义系统和事物分类来编纂的词典。由于在文字训诂学方面的巨大贡献，《尔雅》之后的训诂学、音韵学、词源学、文字学著作，都基本遵循了它的体例。随着经学的兴盛，适应解经需要的《说文解字》也出现了。《说文解字》标志着汉字学的创立，是我国历史上第一部系统的汉文字学著作。许慎是古文经学家，他认为文字是"经艺之本，王政之始"，他著《说文解字》一方面是为了澄清古文字的源流以正确训释"五经"，另一方面则为了救治随意说解文字的现象，正确理解文字的由来发展。《说文解字》总结发展了六书理论，为中国文字学的创立和发展奠定了坚实基础，并将六书理论运用于对具体文字的说解上，达到很高成就。《说文解字》创造了汉字部首编纂法，从汉字中抽取部首，再用部首统摄汉字，这种用偏旁部首立部，汇集汉字的方法是一项伟大的创举。《说文解字》还在保存秦汉全部小篆的同时，保存了部分先秦的古文字，为后世研究先秦古文字提供了重要依据。《尔雅》学和《说文》学后来成为中国学术的重要部分。

典籍图书

先秦的典籍，到战国末期已经相当可观。但经秦代的焚书与战乱，毁亡不少。汉代初年便搜求散失的典籍书册，西汉后期对当时存有的图书进行了整理,刘向写成《别录》。刘歆在《别录》的基础上,总括群书,区分部类,写成《七略》,把书籍分为六艺略、诸子略、诗赋略、兵书略、术数略、方技略六个部分,六略共著录书籍13269卷,其中多为先秦典籍,也有汉人的著书,由此可见当时中国学术文化之规模。六艺即经学;诸子即子学,亦即诸子百家之学;诗赋主要是战国与汉代的赋;这三类是群书的主体。《论语》和《孝经》,在汉代的地位高于诸子,故不在诸子略,而在六艺略。后三类兵书、术数、方技包括科技层面的文化创造,术数以天文历数为主,方技以医经病方为主。《七略》是中国学术的最早分类体系,《汉书·艺文志》保留并采用了这一分类体系。这一体系适合于当时书籍和知识的状况。

到魏晋时代,郑默、荀勖进一步收集文献图书,而将群书分为四部——甲乙丙丁,甲为六艺等、乙为诸子等、丙为史记等、丁为诗赋等,次序为经、子、史、集,初步形成了后来四部分类的体系。与汉代的《七略》相比,此种分类把《七略》中的兵书、术数、方技并入了诸子的部分,这是合理的,而把"史"独立出来为单独的一部,突出了史学的重要性,亦很重要。这四部图书当时合29945卷,近3万卷,较《汉书·艺文志》著录的书籍增加了一倍多。东晋时李充编四部书目,仍用甲乙丙丁四部的名称,次序则为经、史、子、集,更接近后来的四部体系了。至唐初编《隋书·经籍志》,废去甲乙丙丁的名称,直接用经、史、子、集为四部名称,确定了此种分类即名称在中国图书分类的主导地位。此种分类表示,中国传统学术的主体内容是以经学、史学、哲学、文学四大类为主。值得一提的是,由于从这一时期开始,佛教、道教书籍的大量增加,在书籍分类中也产生了影响,如梁阮孝绪编《七录》,"一曰经典录,纪六艺;二曰纪传录,纪史传;三曰子兵录,纪子书兵书;四曰文集录,纪诗赋;五曰技述录,纪术数;六曰佛录;七曰道录"。在经、史、子、集四部外加佛、道二录,即在经学、史学、哲学、文学四大类外再加宗教类，反映了佛教、道教书籍急速增多的事实。《隋书·经籍志》著录四部存亡图书共4190部，49467卷，近5万卷，比魏晋时又增多2万卷。再加上佛、道二录，总数达56881卷。中华学术文化在当时的发展水平和体系特色，于此可见。

魏晋时代，曹丕"盖文章，经国之大业，不朽之盛事"的宣告代表了中国文化对于文章文学的自觉，文学在古代文化中的地位越来越重要了，文学书籍在古代典籍中的比重也越来越大，以至于后来集部图书大大超过了经、史、子类的图书。在文学理论上出现了刘勰的《文心雕龙》，这是中国文学批评史上具有划时代意义的作品，是魏晋南北朝文论的集大成著作，对后世影响深远。此外梁昭明太子萧统辑《文选》，将周以来七八百年间各种重要文体的优秀作品集为一部书，作为文人学步的楷模，此书对后世影响长达一千三百多年。

魏晋时期的玄学与道教

魏晋南北朝，长期分裂，社会动荡，从八王之乱到五胡十六国，混乱频仍，晋室南渡，北方世族过江避乱，文化也随之发生变化。

东汉的经学已经流入烦琐的境地，至魏晋为之一变。何晏、王弼解经以理性驱除迷信，以简易取代烦琐，学术气象变化一新。何、王更创立玄学，成为魏晋学术的主导形态。魏晋玄学是以老庄思想为主体而兼蓄道儒的学术思想体系。魏晋时期的思想家把《周易》《老子》《庄子》作为其基本思想典籍，合称"三玄"，故后世称魏晋学术为魏晋玄学。玄学讨论的中心课题是"有无本末"，亦即天地万物存在的根据和作用。玄学思想家强调以无为本，贵无轻有，把"无"作为世界和万物的根据；又主张"越名教而任自然"，甚至"非汤武而薄周孔"，弃经学而尚老庄，具有鲜明的道家特色。重视儒家立场的思想家则提出

"崇有论"以反对"贵无论",提出"名教中自有乐地"以反对蔑弃礼法。向秀、郭象著《庄子注》,以"万物皆自生说"反对把"无"作为世界的根源,调和"贵无"和"崇有",而倡导"游外以冥内,无心而顺有"的"任自然"的精神境界,成为魏晋玄学的高峰。玄学作为以道家为主的学术思潮,极大地发展了老庄思想的精神层面,对生命、心灵、精神的自由的追求,对自然的向往,拓展了中国人精神的空间和深度,使老庄思想更深地影响到艺术、文学。玄学的思维水平和精神境界高于经学,但在与民族文化的核心价值的结合程度上低于经学,主要是玄学过于追求玄远,与人伦日用相脱离。魏晋时期思想活跃开放,在玄学之外也出现了一批子学论著,如《物理论》《言尽意论》《神灭论》等。魏晋南北朝三百余年间学术称盛,科学、文学、艺术也得到很大发展。魏晋南北朝时期由于长期分裂隔绝,使得南北文化的地域特征明显分化,南人学问清通简要,北人学问渊综广博。《隋书·儒林传序》:"大抵南人约简,得其英华;北方深芜,穷其枝叶。"隋唐时南北经学学术已渐沟通统一,但南北的学风始终有所不同,这也在相当程度上增益了中国学术发展的丰富性。

中国古代的鬼神、祭祀、巫术、神仙、方术是道教的历史文化渊源。先秦的老庄之学、秦汉的黄老之学是道教的思想理论来源。东汉末年的五斗米道,是原始的民间道教,以《老子》为经典。又有太平道,利用《太平经》创立道教组织。晋代葛洪撰《抱朴子·内篇》,阐述了神仙方术理论,发展充实了道教的内容,是神仙道教的集大成著作。当时已有道经、符图257种,1179卷,后多亡佚。东晋中期以后道书继续作成,到南朝时梁阮孝绪统计,当时道教典籍已达425种,1138卷。道教重视身体、生命,强调养生,追求长生和得道,形成了各种炼养的方法。早期道教逐步统一为天师道,北魏寇谦之改革五斗米道建立了北天师道,南朝刘宋陆修静吸收佛教仪式,创立斋戒仪范,改革为南天师道。陶弘景吸收儒、释思想,构造了道教神仙谱系,明确了道教的传教系统。陶弘景还修纂成《真诰》20卷。《黄庭经》是道教内丹修炼的著作,《三皇经》《灵宝经》《上清经》经陆修静、陶弘景的搜集和分类整理,也对后世影响很大。陆修静所撰道书目录著录经书、符图1228卷,他首创了对后世道教影响深远的"三洞四辅十二类"分类法。南北朝是道教大发展的时期。道教典籍中包含了很多科学的内容。

隋唐佛学与文学

佛教的传入是中国文化史上的一件大事。佛教自西汉末从印度经西域传入中国,在魏晋南北朝时已盛行,如北魏建佛寺3万多座,译经1900多卷。佛教初来中国时,大小乘都被介绍,后来大乘般若"缘起性空"思想成为中国佛教的主要基础。东晋僧人解说大乘般若性空思想时,糅合玄学,形成"六家七宗"。汉传佛教发展到隋唐时代,达到巅峰,出现了中国佛学的宗派,即天台宗、法相宗、华严宗、禅宗等。以中国化佛教宗派的创立为标志,中国佛教取得了完全独立和成熟的形态,成为中国传统文化的有机组成部分。天台宗创始人为智顗,他汇合北方禅学和南方义学,提出定慧双开、止观并重的修行原则,崇奉《法华经》。天台宗的主要理论是"三谛圆融"和"一念三千"。"三谛圆融"说明世界万物的实相是空、假、中的统一,"一念三千"说明一切事物是相互包含、贯通一致的关系。法相宗为唐初玄奘所创,他曾赴印度取法,归国后译经75部,1300多卷。《成唯识论》为法相宗经典,主张八识论,讲"万法唯识",认为一切现象不过是"识"所变现出来的,所以又称唯识宗。华严宗奠基者为杜顺,尊奉《华严经》,主张万物性相能融,无障无碍。实际创始人为三祖法藏,认为世界上一切事物都是由六相两两相别相成,同时具足,互融无碍,因而叫作"六相圆融"。华严宗的基本理论"法界缘起"论对后来宋明理学的思维有重大影响。禅宗起于北魏末,始祖为达摩,融合了玄学虚静思想,后提倡直指人心,见性成佛的简明教义,为佛教中国化开辟了新路。六祖慧能的讲法记录后被整理为《坛经》,是禅宗传法的经典。慧能的思想强调"以无念为宗,无相为体,无住为本",提倡心性本净,佛性本有,不假外求,主张不立文字,教外别传,认为人人都有成佛的本性,以"明心见性"为修行宗旨。禅学的特点是把禅的境界渗透到人的日常生活之中,慧能的佛性论扩大了成佛对象,使禅宗有了广泛的社会现实基础。禅宗在唐代前期分为南北两派,北宗神秀持渐悟说,南宗慧能倡顿悟说。北宗主渐修,认为必须通过长期修行才能逐步掌握佛法而觉悟成佛。南宗则主张顿悟,认为人人自心本有佛性,不需要长期修行,不需要施舍大量财物,不需要烦琐的宗教仪式,只要认识到自己本来具备的佛性,就可以顿悟成佛。佛教传入中国后,中国僧人的汉文佛典撰述共582部,4172卷,成就非凡。中国佛教各宗派,将儒家的人文精神、道家的任运自然的人格理想有机地整合到自身的体系中,形成了不同于印度佛教的思想特色与文化精神。中国化的佛教重视现实,突出心性体验和解脱境界,强调易简的觉悟方法,这些都与印度的佛教有很大不同,充满中国文化的特色,中国佛学也成为中国学术思想的一个重要方面。禅宗扎根于中国传统社会,将印度佛教的精髓融入本土文化中,又以其简洁明快的方式、生动传神的语言风格、无所执着的禅意觉悟赢得了社会各阶层,特别是文人士大夫的喜爱。中唐以后,禅宗南宗迅速流行,成为中国佛教的主流。唐末五代陆续出现了五个禅宗支派:沩仰宗、临济宗、曹洞宗、云门宗、法眼宗。宋初的《开宝藏》是第一部佛藏经,入藏1076部,5048卷,经版达13万片,唐以前佛教学术的发展,由此可见一斑。佛教的传入和发展提供了外来文化中国化的最佳实例。中国佛教的成熟是文化融合、民族融合的结果，又广泛传播至东亚，中国当之无愧地成为当时世界佛教的中心。

　　魏晋时文学、诗歌创作已达到较高水平，至唐代，诗歌发展蓬勃兴盛，成为我国诗歌的黄金时代。清康熙时辑《全唐诗》，收唐人诗近5万首，作者2300余人。李白、杜甫、白居易等是唐诗的伟大代表。唐代的诗歌、文体改变了魏晋以来绮旎的文风，呈现正大平正的气象。唐诗从不同侧面反映时代精神的同时，高度体现了中华民族热爱自然、热爱和平、追求自由、反抗黑暗、积极入世的中华民族性格和审美心理。韩愈、柳宗元倡导古文运动，提出"文者以明道"，对改革文风产生深远影响，并与新的儒家思想运动相呼应。唐代开启的散文运动，坚持先秦两汉的传统，以文章为文化的命脉所系，以文章为社会与历史的维系，以文章表达生命情感的理想，追求文与道的统一，确立了文章之学的典范。唐宋古文家倡导"文以载道"，受儒家思想的影响，强调文学的教化功能，为文学注入政治热情、进取精神和社会使命感。宋代诗文继承了唐代，欧阳修的散文以"明道"、"致用"为宗旨，苏东坡、辛弃疾的词摆脱绸缪婉转之风，豪迈奔放，奋发激越，感情充沛饱满。陆游的诗情思并茂，洋溢着爱国之深情，都显示出唐宋文化从贵族化士族到平民化士大夫的转变。中国的诗文与哲理相通，受儒家的家国情怀和道家的自然理想影响甚深，中国的文艺传统强调文学不离人生，文学艺术的最高境界，必是人生修养的最高境界，也是人生理想的最高境界。中国古代文学以生动的具象方式体现了中国文化的精神和中华民族的文化心理。始于隋唐的科举制度，是中国古代选官制度的重大发明，科举考试内容重视经义和诗赋作为人文教养的重要性，对经学的普及和诗赋的繁荣也有促进作用。

宋明理学与学术文化格局

南北朝的经学注疏繁多,使经学解释不能统一,经学大义不能突出。唐代孔颖达奉旨修《五经正义》使经学的解释由繁返约,有所统一,为科举考试提供了依据。从汉至唐,崇仁、贵和、尚德、利群,已成为中国文化的基本价值。由于"五经"产生于孔子以前,在伦理和道德价值方面的表达流于粗放,尚未凝练,对人生真理的探求较少。而孔子在总结三代文化基础上提出了儒家的思想体系,经过后世孟子、荀子、董仲舒等大儒的发展,已多方面发展了"五经"的政治、道德思想。又由于道家思想经魏晋时代得到系统发展,佛教发展在隋唐更达到鼎盛局面,二者对儒学的主流思想地位构成了严重挑战。儒学仅靠原始的"五经"和经学已经不能完全应付思想文化的新局面,为了总结、发展儒家思想,回应佛道的挑战,儒学通过吸收佛道的有益成分,发展出了新儒学,即理学,亦称道学。相对于汉学,理学又称宋学。理学在北宋产生,经南宋和元代的充分发展,在明代达到流行的高峰,故简称宋明理学。与经学重文献、重政治不同,理学把《论语》《孟子》《大学》、《中庸》集结为"四书",大力阐扬、发展了"四书"中的心性论、功夫论,注重人生修养,强调人生真理,使"四书"的地位超过"五经",而成为一种以新经学为基础的理学思想体系。以理学为主体的宋、元、明、清儒学重新占据了社会文化的中心,成为社会文化的主流思想。

继承了韩愈、范仲淹等儒者的理想追求,理学在北宋奠基于周敦颐、张载,建立于程颢、程颐及其弟子,至南宋朱熹而集大成。周敦颐、张载用太极或太虚的气一元论,坚持宇宙的实在,结合《易传》的宇宙论模式,建立起抗衡佛老的本体宇宙论。但周、张的宇宙论还未在人性与天道之间建立密切的联系,在正面论证价值体系的合理性上也还不直接。二程针对经学只求解释辞训，提出"道学"，把对"道"的追求置于首位。他们用"天者理也"、"性即理也"、"格物即穷理"重新解释经典的内涵，认为天不是神而是理，性是人所禀受的天地之理，主张格物就是穷理，从本体论、人性论、知识论三个方面真正建立起了理学。朱熹继承了北宋道学的发展，通过其《四书集注》等著作，把这一理学发展为以"理气"、"心性"、"格致"问题为中心的"致广大而尽精微"的全面体系，并使理学的心性工夫论得到细致的发展。宋明理学的体系主要分为两大派，即程颐、朱熹代表的程朱"理学"和陆九渊、王守仁代表的陆王"心学"。程朱"理学"把伦理原则提高为宇宙本体和普遍规律，虽然使古典儒学获得了本体论的基础，但在道德实践上，把伦理原则更多作为外在权威，未能重视道德实践主体的能动性。与朱熹同时的陆九渊以及明代的王守仁，提倡"心即理"、"知行合一"、"致良知"，与朱熹相对立，建立和发展了"心学"学派，认为人心即是道德主体，心能自身决定道德规范，突出了道德实践中的主体性原则。"理学"和"心学"的互动、论争贯穿并促进了理学的发展。理学重视道德规范和道德修养，主张以天理节制人欲，以道心统率人心，以成圣成贤为人格追求。宋明理学作为儒学复兴的运动具有崇高的理想，典型地表达在张载的四句话，"为天地立心，为生民立命，为往圣继绝学，为万世开太平"。

宋代书院开始发展，以师徒传授、讲学为主的书院，讲明义理，躬行修养，促进了理学的发展，也促进了地方教育文化的发展。宋以后，在理学的带动下，小学、蒙学渐渐发达，有力地促进了儒家伦理道德的普及化、大众化、通俗化。在宋明理学的影响下，宋金元的道教向心性开展，吸收禅宗的心性修养，发展了道教的内丹学，迎来了道教的新发展，推动了三教融合的趋势。宋明理学从元代起不断传播至韩国、日本等国，成为塑造近世东亚文明的重要文化成分，成为具有世界性影响的思想文化体系。

宋代史学有新的发展，司马光与北宋理学关系甚深，他的编年通史《资治通鉴》上启战国，下终五代，是《史记》以后包容年代最长的通史之一，是中国史学的划时代名著，对此后史学发展影响很大。宋代的科学技术取得了较高成就，印刷术、火药、指南针三种发明并非始于宋代，但在宋代技术更加进步，宋代以后传播到欧洲，对欧洲文明的发展，提供了异乎寻常的推动力。沈括的《梦溪笔谈》包括天文、历法、算学、光学、物理学、地理学等多方面知识，是一部综合性科学专著，对学术思想也产生了影响。明代后期出现了一批科技巨著，如李时珍的《本草纲目》，徐光启的《农政全书》，宋应星的《天工开物》，徐霞客的《游记》，以及方以智的《物理小识》等，达到了古代科技的高峰。应该看到，宋明时代格物穷理的学术思想与科学的发展之间有一种积极的相互影响。

明末清初黄宗羲等完成了记述宋明理学的《宋元学案》和《明儒学案》，《宋元学案》100卷，分安定、泰山、高平、伊川、晦翁、水心等91个学案，记述了两千余位宋元学者的生平、思想、学术宗旨等。《明儒学案》62卷，以王阳明心学发端发展为主线，全书共记载了明代210位学者，依次叙述传略，摘录其重要著作或语录等。这两部学案是我国最早的学术史著作，足以呈现出宋明理学与理学家群体的宏大面貌。

宋明理学近八百年的持续历史提示出中国学术思想的发展趋势：两汉经学使儒学得到发展并确立了主导地位；魏晋玄学使道家思想得到发展，儒道互补的格局得以成形；隋唐佛学使传入中国的佛教在中国化过程中达到兴盛，中国文化的儒道互补变为儒释道互动的三元结构。宋明理学使儒学重新占据主流思想的地位，理学吸收了佛道的思想因素，社会思想文化形成了以儒学为主、三教趋向融合的稳定格局，适合了宋以后中国社会的发展需要。自隋唐以来，三教互相影响，共享了中国文化注重平和、宽容、理性的性格,形成了世界少有的和谐的宗教关系。以佛治心、以道治身、以儒治世,成了宋元以来历代王朝的文化共识。

总体上说,宋以来的中国传统学术体系,以经学为核心,以史学为基础,以子学为义理,以文学为辞章。在历史上也有学者把中国学术的内容分为义理之学、考据之学、辞章之学,以义理之学指宋学,以考据之学指汉学,以辞章之学指文学。与一切事物一样,除了外部的社会因素外,中国学术的内部发展动力来自于其内在的多样性和矛盾关系,以及由此而来的学术论辩和相互批评。中国学术发展到宋代显示出,文学、经学、理学之间的关联与紧张一定程度上构成了中国古典学术史发展变化的内在动力。当文学仅成为一种辞章之学时,就会受到经学的排斥,要求回归经义。而经学的发展容易流为章句之学,当章句训诂遮蔽了道德义理时,便受到义理之学的批评,要求取而代之。宋、元、明乃至清前期,中国传统学术总的价值取向是思想义理重于经典研究,经典研究重于文学诗赋,这是古代所谓辞章、考据、义理的互动,也是经学、理学、文学的互动,学术的争论和派别多是由此而起。宋、元、明时期形成了以义理之学为主,义理、训诂、辞章三者互动的学术文化格局。

清代汉学与大型文献编纂

清初顾炎武、黄宗羲要求扭转明代理学专求心性的偏向,倡导以"六经"为根底而经世致用。经世致用是古代重要的学术传统,体现了儒家注重社会实用的文化价值观,历来受到肯定,故清代有学者主张在义理之学、辞章之学、考据之学外,加经世之学,以重构中国学术文化的格局。但由于清代统治者加强文化专制,大兴文字狱,清代中期学者多转向古学考据训诂,因其学风近于汉代古文经学,又称汉学。乾嘉学术以汉学标榜,推崇汉儒训诂学风,不满宋人以义理解经之法,在学术上形成汉宋之争。汉学强调训诂考据,宋学注重思想义理,清代的汉学作为对宋学的反动,是在一定的历史条件下形成的。乾隆、嘉庆间的考据学者,治学范围由原来考求经义变为穷经证史,研究范围包括字义训诂、辨伪考及对典章制度、名物故实的考核。乾嘉学术分为吴派和皖派,吴派以惠栋为奠基人,主要成员有王鸣盛、钱大昕等。皖派以戴震为首,成员有段玉裁、王念孙、王引之等,晚期有焦循、阮元。两派共同点是审名实,重证据,从文字音训去解说经典,从经学扩及史籍、诸子的校勘、辑佚、辨伪。其不同处在于,吴派推崇汉代经说,多治《周易》《尚书》;皖派擅长三《礼》,精于小学、天算。乾嘉学术的代表作有惠栋的《周易述》、钱大昕的《二十二史考异》、王鸣盛的《十七史商榷》、段玉裁的《说文解字注》、王念孙的《广雅疏证》、王引之的《经义述闻》等。乾嘉学派对古籍文献整理及历史研究作出了重要贡献,其特点是主张"由声音文字以求训诂,由训诂以求义理",从音韵、小学入手,通过文字、音韵来判断和了解古书的内容和含义,以语言文字学为治经的途径。他们在文字、音韵等方面取得了很大的成就,对清末民初的国学研究颇有影响。但乾嘉汉学治学限于注疏,训诂明未必义理明,不重思想,脱离实际生活,仅成为一种文献学问,末流则陷于支离烦琐。鉴于乾嘉考据学的流弊,清代后期曾国藩等再次强调经世之学的重要性,强调学术思想要以解决社会问题为目的。

清代的乾嘉学术与《四库全书》也有一定关系。南宋《直斋书录解题》著录四部书3096种,51180卷。明代《永乐大典》编纂于永乐年间,是中国的一部巨型古代典籍,与法国狄德罗编纂的《百科全书》和英国的《大英百科全书》相比,要早三百多年,也是迄今为止世界最大的百科全书。其编撰宗旨为"凡书契以来经史子集百家之书,至于天文、地志、阴阳、医卜、僧道、技艺之言，备辑为一书，毋厌浩繁"。其中保存了14世纪以前中国历史地理、文学艺术、哲学宗教和百科文献，共计22937卷，其中目录60卷，分装成11095册。据粗略统计，《永乐大典》采择和保存的古代典籍有近8000种之多。比宋代增多5000种左右。清康熙时编辑《古今图书集成》，全书共1万卷，其中目录40卷，共分6编32典，是现存规模最大、资料最丰富的类书。清代《四库全书》是在乾隆皇帝的主持下和诸多考据学者参与下编成的巨型丛书，著录书籍1万余种，17万卷，较之宋代增多了10多万卷，基本上囊括了中国古代主要图书。《四库全书》保存了中国历代大量文献，所据底本中有很多是珍贵善本，如宋元刻本或旧抄本；还有不少是失传很久的书籍，在修书时重新发现的；也有的是从古书中辑录出来的佚书，如从《永乐大典》中辑出的书有385种。《四库全书》的编纂，无论在古籍整理方法上，还是在辑佚、校勘、目录学等方面，都给后来的学术界以巨大的影响。但是，清代统治者借纂修《四库全书》之机向全国征集图书，贯彻"寓禁于征"的政策，对不利于清朝统治的书籍，分别采取全毁、抽毁和删改的办法，销毁和篡改了大批文献，编修中明令禁焚的书籍就有3千多种，数量十分巨大。此外，明清时期的《正统道藏》和《乾隆大藏经》大全式地收录了道教和佛教的著作。《正统道藏》共5305卷。《乾隆藏》全藏共收录经、律、论、杂著等1669部，7240卷，共用经版79036块。法国汉学家谢和耐指出，18世纪中叶前中国出版的书籍超过世界上其余地方所出版的总和，可见中国文化对世界文化的贡献。

古代典籍是承载古代文明和学术创造的载体，虽然中国古代浩瀚的文化典籍流传到今天的只有一部分，其他未能保存的典籍因为自然或人为的破坏，最终在历史长河中消失了，但保留至今的文化典籍仍可使我们看到中华民族先贤创造的巨大的文化成就。

近代中学、西学、国学

鸦片战争的失败，在中国引起极大震动。一些爱国士大夫纷纷探讨"天朝大国"失败的原因，他们开始抨击注重修身养性的理学和注重整理古代典籍的汉学，提倡"经世致用"、"励精图治"。林则徐在广州时设立译馆，主持编译《华事夷言》、《四洲志》，主张了解世界。魏源受林则徐的委托，编修《海国图志》，提出"师夷长技以制夷"，当时主要是学习西方的船坚炮利和科学技术知识，还没有涉及制度文化，但是他主张学习西方的长处以抵御西方的侵略，较之只是从传统思想中寻找改革方案，则是一个很大的进步。

从19世纪60年代冯桂芬提出"采西学"、"制洋器"以后，在不断引进西学的同时，人们就中学与西学的关系进行了讨论。王韬说："器则取诸西国，道则备自当躬。"郑观应提出："中学其体也，西学其末也，主以中学，辅以西学。"1896年8月，孙家鼐在《遵议开办京师大学堂折》中说："今中国创京师大学堂，自应以中学为主，西学为辅，中学为体，西学为用，中学有未备者，以西学补之，中学有失传者，以西学还之，以中学包罗西学，不能以西学凌驾中学。"张之洞在《劝学篇》中写道："新旧兼学，'四书'、'五经'，中国史事、政事，地图为旧学；西政、西艺、西史为新学。旧学为体，新学为用。"这些都是当时在清王朝统治之下围绕中学和西学关系的讨论，而这些讨论都不同程度地有助于西学被大量引入中国，这一时代潮流促进了从器物层面到制度层面积极向近代西方的学习。

在近代学术中，从19世纪60年代起，中国人开始翻译西方书籍，在自然科学、社会科学方面引入的大量西学论著，开启了中国学术近代化的进程。近代中国学术思想的重大变化，与西方思想的输入直接相关。西方的进化论传入便是突出的例子。严复在《原强》中介绍了达尔文的《物种起源》，指出"其书之二篇为尤著。西洋缀闻之士，皆能言之。谈理之家，摭为口实。其一篇曰：物竞。又其一曰：天择。物竞者，物争自存也。天择者，存其宜种也"。他翻译了赫胥黎的《天演论》，"天演"即"进化"。严复强调进化是一种不可抗拒的规律，人们在认识这种规律后，不应当自甘做劣等民族坐待灭亡，而应当奋发图强，以求"适者生存"，改变被淘汰的命运；勉励人们要自强自立，力争自主，争取优胜而避免劣败，以求国家民族的生存发展。进化论思想的介绍不仅为变法维新提供了新的思想武器，而且在整个社会上起了巨大的启蒙作用。

20世纪初，晚清民国之交，中华民族历经鸦片战争以来至甲午战争的种种屈辱，遭遇了空前的国家危机，从而激发起了强烈的民族救亡意识。邓实等国粹派人士提出了"国学"的观念。他们强调一个国家与其国学是共生共存、相互依赖的，国家依靠其国学而生存，国学依赖其国家而昌盛。辛亥革命前的章太炎也使用国学这个概念，以此激励国人的爱国心。

近代中国使用的"国学"与"西学"相对，是指遭遇西方文化冲击之前中国原有的思想文化与学术体系，这是国学概念在近代的第一种用法。这里的"国"是本国之义，"学"是学术之义。用章太炎在辛亥革命前的提法，国学可称"中国独有之学"，用刘师培的说法，则可称"中国固有之学术"；吴宓在清华《研究院缘起》中强调："兹所谓国学，乃指中国学术文化之全体而言，而研究之道，尤注重正确精密之方法。"吴宓所用的国学概念，定义了国学的对象和范围，表达得比较清晰。第二种是扩大的用法，即以"国学"为中国传统文化的简称。以国学为"中国传统学术"和以国学为"中国传统文化"，两种用法的区别在于，"中国传统学术"的外延要小于"中国传统文化"，后者往往无所不包,而前者是指侧重于学术形态的文化而言。第三种是以"国学"代称"国学之研究","国学研究"是指对中国传统学术文化的研究,中国传统学术体系的内容,包括哲学、古典学、史学、文学、宗教、语言、艺术,等等。

国学研究在近代的发展也可以分为三个派别。第一派以章太炎为代表的清末民初的国学研究,在学问方法上延续了清代的考据学、训诂学,在观念上导入近代的文化意识。第二派是以北京大学胡适等代表的国学研究,强调实证方法和疑古思潮,同时也强调科学地整理古代文化。第三派是以清华国学院王国维、梁启超等代表的跟当时世界学术的中国研究合流的国学研究。例如王国维所实践、由陈寅恪提出的"把地下的实物和纸上的遗文互相释证"、"外来的观念和固有的材料相互参证"、"异国的故书和吾国的古籍相互补正"三种方法,这些方法可以说都是与当时世界汉学、中国学的研究方法相一致的。王国维、梁启超等学者的学术视野和研究成绩,在当时已无愧于世界第一流的研究。

清光绪时编《二十二子》,选周秦两汉诸子22种,都是各家的主要著作,颇便阅读。民国以后在整理古籍方面,也做了一些工作。商务印书馆出版的《四部丛刊》最为著名,全书凡三编,初编250种,续编81种,三编72种,由精选宋元旧本、明清精刻,钞本、校本和手稿本辑成。中华书局出版的《四部备要》也很重要,所收336种均为研究古代学术的常备著作,为一般研究者提供了方便。

当代国学热的意义

在经历了20世纪大半时间内对于中国传统文化的批判否定,伴随着社会主义市场经济的初步确立,20世纪90年代中期迎来了第一波"国学热"。不过当时的所谓国学热,无论从规模还是从性质上,都还只是中国文化"一阳来复"的初始。踏入21世纪以来,全方位的国学热四面兴起并持续升温,其中媒体的参与固然起了很大作用,而来自民间的对传统文化的热情和需求则扮演了主要的推动力量。新世纪国学热兴起和持续的根本原因,在于1990年代以来中国现代化进程快速和成功的发展,及其所引致的国民文化心理的改变。

从历史上看,后现代化国家处在现代化工程初期时,多采取启蒙式的文化动员,批判传统,引进西方文化;而在现代化受挫期,更容易全盘否定自己的文化传统,反映了追求现代化而不得成功的集体焦虑;当现代化进程驶入快速发展的轨道、经济发展取得成功之后,国民的文化自信便会逐渐恢复,文化认同也随之增强。在1990年代中期以来的中国,与传统文化不同程度地隔绝了多年之后的人们,在文化信心得以恢复的同时,便急切地想要了解自己祖先创造的灿烂文化,促成了对国学资源的全面需求。从这一点来说,国学热的出现是中国现代化成功发展的文化表象,是有其必然性的。

国学热使我们意识到,分析看待1990年代以来的中国现代化过程,必须从中华民族整体发展及其近代曲折的历史来认识,必须把它和中华民族的生命力与生命过程联系起来,把它视为中华民族奋斗史的新篇和中华文明史的新开展,看成中华民族精神发展历程的一部分,从中华民族的角度理解它的成就。换言之,改革开放以来的发展成就使得越来越多的人意识到,这些伟大成就的取得归功于中国人民的勤劳与创造,归功于中华民族的文化与价值。当代的国学热提示着中华民族自我意识的觉醒,体现了民族自尊与自信的高扬,开启了民族文化的自觉,这对于中华民族的伟大复兴是有其重要意义的。

中华文明是中华民族生命根源之所在。中华民族的精神是在几千年的中华文明史中滋养、壮大起来的,因此中华民族的民族精神形态及其内涵是不能离开中国传统文化的，中国传统文化是中华民族精神得以形成的主要土壤和环境。民族精神是一以贯之的，但其表现会受到各种社会因素的影响，因此有时彰显而发扬，有时黯然而平淡。应当说，人们越有文化的自觉，民族精神就越能充分而完整地得到发扬。国学热表明，与中国在世界崛起相伴随，中国人对传统文化的认识和态度已经或正在发生根本性的转变，中华民族的民族精神正在经历从自在转变到自觉的过程，这正是弘扬民族精神的关键时期。国学热所体现的正是中华民族的文化自觉的开始。文化自觉就是认识自己文化的发生、成长、发展的历史，认识自己文化的独特性、存在价值及其普遍意义，把个人连接、融入这一历史文化长河中建立文化认同。对于中国文化这一连续不断的古老文明而言，文化自觉是促进文化复兴的重要条件，文化自信促进了文化自觉，增强了民族生命力，振奋了民族精神。在这个意义上，当代的国学热是中华文明复兴初级阶段的文化标志。

　　国学热特别反映了广大人民群众在建设精神家园方面对本土的传统资源的热切渴求。社会转型需要一种与革命时代不同的意识形态，由此促进的文化转型，构成了当代文化景观的大背景。在现代化市场经济发展的同时，社会道德秩序和个人安身立命的问题日益突出起来。社会道德秩序的建立离不开传统道德文化，这已经是后"文革"时代转型期执政党和人民的共识。安身立命则归结到心灵精神的安顿，从而心灵的需求比以往更加突出。市场经济的发展带来了人与人关系的新变化，也使得青年一代在寻找人际关系处理方法等方面把眼光转向古老文明的人学智慧。中国古代文化的宝库已经成了现代人待人、处世、律己的主要资源，与其他外来的文化、宗教相比，在稳定社会人心方面，传统文化提供的生活规范、德行价值及文化归属感，发挥着其他文化要素所不能替代的作用。几千年以人为本的传统文化，在"心灵的滋养、情感的慰藉、精神的提升,以及增益人文教养"方面,为当代市场经济社会中的中国人提供了主要的精神资源,在心灵稳定、精神向上、社会和谐等方面发挥了重要的积极作用。

目前的国学热主要集中在大众教育和国学知识的传播方面,相对于国学的学术研究,多属于文化普及的层面。大众教育和传播的热络并不能自然带来国学研究的发展,但是这样一种传统文化热的文化氛围,改善了社会公众对于传统文化的态度,对青少年的影响很大。从小熟悉传统文化,将使这一代青少年对国学的向往越来越深,有利于新的一代人传承中国文化,也使得国学研究有了更好的文化生态的支持。事实上,中华民族精神的历史发展,并不是学术研究层面独立发生作用,而在相当程度上是靠人民群众通过普及渠道所获得的文化信念与价值,在实践中坚持、信守、付诸行为,在历史舞台上演出轰轰烈烈、可歌可泣的壮丽故事而世代传承的。而人民群众的文化信念也转过来影响着从事理论论述的文化学者。在这个意义上,传统文化的普及化,不能只从普及的角度来评价,要深刻地认识其中国文化传承的意义和培育民族精神的意义。

因此,当代国学热的出现和流行,对于中华民族复兴的进程,对中国现代化的深入开展,对社会和谐的实现,都是必然的,也是合理的、积极的。当然,传统文化并不是包治百病的药方,传统文化并不能解决现实生活遇到的一切问题。传统文化只是我们的文化根基,在其基础上如何大力吸收世界文明中的先进文化,建构起适应人民需要的现代政治、经济、法律、文化体系,发展政治文明,持续经济增长,健全法制生活,繁荣文化发展,需要全社会的创造性努力。同时也需要通过适时的引导,帮助人民分辨传统文化的精华与糟粕,分辨永久的价值和过时的东西,使优秀传统文化的资源更能够结合中华民族伟大复兴的时代要求发挥其积极的作用。

中华文明与中国文化的基本特点

中华文明与中国文化的基本特点可以简单概括为：

广大悠久、一统多元——是中华文明的基本特征

刚健不息、厚德载物——是中国文化的基本精神

崇仁贵和、尚德利群——是中国文化的基本价值

协和万邦、世界大同——是中华文明的世界理想

中国传统思想文化中的优秀成分，对中华文明形成并延续发展几千年而从未中断，对形成和维护中国团结统一的政治局面，对形成和巩固中国多民族和合一体的大家庭，对形成和丰富中华民族精神，对激励中华儿女维护民族独立、反抗外来侵略，对推动中国社会发展进步、促进中国社会利益和社会关系平衡，都发挥了十分重要的作用。

中国文化积淀了中华民族的精神追求，中国文化是中华民族的丰厚滋养，中国文化是中华民族的突出优势，中国文化是中华民族的文化实力。因此，中国特色社会主义要植根在中国文化的沃土上，把中国优秀文化作为自己的深厚历史渊源。我们要做中国优秀传统文化的忠实传承者和弘扬者。文化是民族的生命血脉，在我国五千多年文明发展历程中，各族人民紧密团结、自强不息，共同创造出源远流长、博大精深的中华文明，为中华民族发展壮大提供了强大的精神力量，为人类文明进步作出了不可磨灭的重大贡献。文化是人民的精神家园。优秀传统文化凝聚着中华民族自强不息的精神追求和历久弥新的精神财富，是发展社会主义文化的深厚基础，是建设中华民族共有精神家园的重要支撑。

中国优秀传统文化的丰富哲学思想、人文精神、教化思想、道德理念等，可以为人们认识和改造世界提供有益启迪，可以为治国理政提供有益启示，也可以为道德建设提供有益启发。中国优秀传统文化中蕴藏着解决当代人类面临的难题的重要启示。对传统文化中适合于调理社会关系和鼓励人们向上向善的内容，我们要结合时代条件加以继承和发扬，赋予其新的含义。

要全面认识祖国传统文化，取其精华、去其糟粕，古为今用、推陈出新，坚持保护利用、普及弘扬并重，加强对优秀传统文化思想价值的挖掘和阐发，维护民族文化基本元素，使优秀传统文化成为新时代鼓舞人民前进的精神力量。今天，我们要加强对中国优秀传统文化的挖掘和阐发，积极深入了解中华民族历久弥新的精神世界，努力实现中国优秀传统文化的创造性转化、创新性发展，把中国文化当中跨越时空、超越国度、富有永恒魅力、具有当代价值的文化精神弘扬起来，把继承优秀传统文化又弘扬时代精神、立足本国又面向世界的当代中国文化创新成果传播到世界，造福于世界人民和世界文明。

参考文献：

袁行霈主编：《中华文明史》，北京大学出版社，2006年。

郑师渠主编：《中国文化通史》，北京师范大学出版社，2009年。

冯天瑜主编：《中华文化辞典》，武汉大学出版社，2010年。

张岱年主编：《中国哲学大辞典》，上海辞书出版社，2010年。

钱穆：《中国文化史导论》，商务印书馆，1994年。

钱穆：《中国学术通义》，九州出版社，2011年。

近代"国学"的发生与演变

晚近学者对近代国学概念及其讨论的梳理，资料收集甚为丰富，但较缺少概念的辨析和理论的把握。[①] 为此，本文将从几个大的方面展开论述。第一，分析"国学"的观念意识。关注国学语词之使用所从出发的时代观念及其意识，注重其在早期的变化与社会文化思潮的联结，并将其区分为三个阶段。第二，阐明"国学"概念定义的几个基本意义。以往学者的国学定义主要在国学的对象范围上着眼，本文强调的是把"国学"作为一个近代研究体系的意义。因为很明显，所谓"新国学"的提法和讨论，当然是指研究体系而言，研究的对象范围则无所谓新旧。第三，区分国学研究体系在近代演进的几个阶段。需要说明的是，本文只论述到20世纪20年代末期，即整理国故运动的后期为止。第四，关于近代国学大家的几个主要形态，这和国学研究演进的阶段是相对应的。

国学观念之发生与演进

为了突显近代以来"国学"观念在不同语境的复杂性，以下从三个方面试图加以呈现，即救亡意识主导下的、政治取向的国学观念，启

---

① 参看罗志田：《国家与学术：清季民初关于"国学"的思想论争》，生活·读书·新知三联书店，2003年；桑兵等：《近代中国学术思想》，中华书局，2008年；桑兵等：《国学的历史》，国家图书馆出版社，2010年。

蒙思潮主导下的、文化取向的国学意识,以世界汉学(及东方学)为参照的、学术研究的国学观念。与中国近代历史进程相适应,这三个方面展开为三个阶段的发展。

晚清民国之交,中华民族历经鸦片战争以来至甲午战争的种种屈辱,遭遇了空前的国家危机。这一危机不是个别的经济的或政治的或外交的危机,而是一种总体性的危机。这个总体性的危机就是在世界列强贪婪的攫取态势之下,中国在经历了一系列丧权辱国的让步后,有可能沦为列强的殖民地。这种民族危机,在甲午战争以后已经普遍地被当时的中国人意识到了,从而激发起了强烈的民族救亡意识。在此种形势下,对国学概念的思考与中华民族的国家命运紧密地联系在一起,"国学"成为当时表达民族思想的一个方式,其代表即邓实与晚清国粹派。

如黄节提出:"立乎地圜而名一国,则必有其立国之精神焉,虽震撼掺杂,而不可以灭之也。灭之则必灭其种族而后可。灭其种族,则必灭其国学而后可。昔者英之墟印度也,俄之裂波兰也,皆先变乱其言语文学,而后其种族乃凌迟衰微焉。迄今过灵水之滨,瓦尔省之郭,婆罗门之贵种,斯拉窝尼之旧族,无复有文明片影留曜于其间,则国学之亡也。学亡则亡国,国亡则亡族。"[1]当时整个国家的民族危机非常严重,国粹派人士认为国家面临着灭亡的危险,就此,他们提出了"国"和"学"的关系。

同样,邓实主张"国以有学而存,学以有国而昌"[2],他还指出:"中国自古以来,亡国之祸叠见,均国亡而学存。至于今日,则国未亡而学先亡。故近日国学之亡,较嬴秦蒙古之祸尤酷……夫国于天

---

① 黄节:《国粹学报叙》,《国学的历史》,国家图书馆出版社,2010年,页17。
② 邓实:《国学讲习记》,《国学的历史》,页81。

地，必有与立。学也者，政教礼俗之所出也。学亡则一国之政教礼俗均亡；政教礼俗均亡，则邦国不能独峙。试观波尔尼国文湮灭，而洼肖为墟；婆罗门旧典式微，而恒都他属。是则学亡之国，其国必亡，欲谋保国，必先保学。"①他还指出欧洲人殖民主义的老谋深算："其希望伟，其谋虑深，其亡人过也，必先灭其语言，灭其文字，以次灭其种姓。"②

黄节、邓实的这些提法凸显了他们对中国作为国家和中国历史文化的双重忧患，按照这个观点，一个国家与其国学是共生共存、相互依赖的，国家依靠其国学而生存，国学依赖有国家而昌盛。

这种观点在当时为不少人所主张，许守微也说："是故国有学则虽亡而复兴，国无学则一亡而永亡。何者？盖国有学则国亡而学不亡，学不亡则国犹可再造；国无学则国亡而学亡，学亡而国之亡遂终古矣。"③在这种说法里，亡国的迫切感更为突出，它表现出，面对国家的形势危急，当时有部分人甚至认为国亡已经难以避免，因此要学习明末顾炎武的想法，通过保学来避免永远亡国，用保学来期待再造国家。在这一点上，他们吸取了晚明部分士人的想法，即假如国家亡了，学术不亡，国家还能复兴；如果国学也亡了，国家就无法复兴。国粹派将国学的兴亡和国家的兴亡联系在一起，提出了国学这一概念，保守固有文化，有着深刻的政治意义。

对国学的如此深忧，反映了他们对亡国灭种的极大恐惧。这样的"国"与"学"的讨论，不能不影响到"国学"二字的理解和使用。

① 邓实：《拟设国粹学堂启》，《国学的历史》，页89。罗志田以为此文可能为刘师培草，见罗著《国家与学术：清季民初关于"国学"的思想论争》，页63。

② 邓实：《鸡鸣风雨楼独立书·人种独立》，《政艺通报》1903年第23号。类似观念，还可见姚光：《国学保存论》，《国学的历史》，页96。

③ 许守微：《论国粹无阻于欧化》，《国学的历史》，页60。

在这种对深重的民族危机的自觉之下，邓实说：

> 夫自国之人，无不自爱其国之学。①

邓实特别强调国学与爱国心的关联，如他说"国学存则爱国之心有以依属，而神州或可再造"②，认为一民族之文化是该民族之思想的基础和来源。许之衡认为，"国魂者源于国学也。国学苟灭，国魂奚存"③。黄节更主张，"呜呼，不自主其国，而奴隶于人之国，谓之国奴；不自主其学，而奴隶于人之学，谓之学奴"④。梁启超也认为："凡一国之立于天地也，必有其所以立之特质。欲自善其国者，不可不于此特质焉，淬厉之而增长之……诸君如爱国也，欲唤起同胞者爱国之心也，于此事必非可等闲视之矣。"⑤在梁启超等人看来，国学就是本其爱国之心，为国家和民生伸张之学，中国几千年绵延至今，根本原因就在于历史上仁人志士倡导国家大义而影响民心。邓实、刘师培创办《国粹学报》，大意皆出于此，《国粹学报》发刊词便明确声明，"保种、爱国、存学"是该刊的志向。

邓实又指出：

> 国学者何？一国自有之学也……君子生是国则通是学，知爱其国无不知爱其学。⑥

---

① 邓实：《古学复兴论》，《国学的历史》，页70。
② 邓实：《国学今论》，《国学的历史》，页49。
③ 许之衡：《读国粹学报感言》，《国学的历史》，页56。
④ 黄节：《国粹学报叙》，《国学的历史》，页18。
⑤ 梁启超：《论中国学术思想变迁之大势》，《饮冰室合集·文集之七》，页3。
⑥ 邓实：《国学讲习记》，《国学的历史》，页81。

爱学即是爱国,爱国所以爱国学。所有这一切,正如梁启超后来所说,都是建立近代"民族主义之根柢源泉"①,所谓国学乃立国之根之论,皆当如此观之。可见,晚清国粹派"发明国学,保存国粹"的主张实际是爱国主义的文化观体现。

桑兵指出,近代意义的国学一词及其使用,始于20世纪初,受到日本明治维新后学术变化的影响。②这是就语词的使用而言。而就观念意识来看,清末国学倡导者的言论,受到顾炎武文化意识的影响匪浅。顾炎武关于亡国与亡天下的说法,常被转换为亡国与亡国学的关联,盖顾炎武所谓天下本是作为礼俗政教的文化而言。

可见,清末国学之名所起,并不是因反满而立,虽然邓实、黄节都是赞成反满革命的,这一时期国学保存论者的出发点主要是针对西方帝国主义欲亡中国而言。他们的主张,不是强调"研究"国学,而是"保存"中国文化,以求促进国民的爱国心。可见此时国学概念之提出,主要是政治取向的,而不是学术取向的,国学说是当时救国论述的一部分。邓实说:

> 不知爱吾祖国之文明,发挥而光大之,徒知爱异国之文明,崇拜而歌舞之。呜呼,吾想不百年后,东洋之文明亡,文明亡而其发生出此文明三千余年之祖国亦亡。③

我们必须知道,邓实和《国粹学报》的这些人绝不是主张排斥西方文明,而是主张两大文明之融合,所以他们注重保存国学,并不是针对欧

---

① 梁启超:《新民说》,《辛亥革命前十年时论选集》卷一上,页122。
② 桑兵:《晚清民国时期的国学》,《近代史研究》1997年第1期。
③ 邓实:《东西洋二大文明》,《壬寅政艺丛书·政学文编》卷五,台北:文海出版社,1976年,页185—186。

化。这一点许守微说得最为明白："国粹也者，助欧化而愈彰，非敌欧化以自防，实为爱国者须臾不可离也云尔。"[①]

章太炎也是一样，他从亡国的印度历史那里了解到"民族独立，先以研求国粹为主，国粹以历史为主"[②]。他更提出著名的口号"用国粹激励种姓，增进爱国的热肠"。章太炎主办《民报》所刊的《国学讲习会序》中也说："夫国学者，国家所以成立之源泉也。吾闻处竞争之世，徒恃国学固不足以立国矣，而吾未闻国学不兴而国能自立者也。吾闻有国亡而国学不亡者矣，而吾未闻国学先亡而国仍立者也。"[③]章太炎是革命党人，尽管革命党人中也有倡导欧化，不主张保存国粹的，但他们同样是爱国忧国的人士；而章太炎的主张在革命派内部也深有影响。

近代国学的观念，从20世纪初到20年代末，经历了三个阶段的变化。如上所说，第一个阶段是晚清到辛亥革命，这一时期的"国学"，体现的是一个政治的观念，而不是一个学术的观念。国学当然是指学术文化，但20世纪初提出"国学"时，其出发点是本于爱国主义的立场、着眼于政治的救亡。晚清国学派提出的"国学"是一个基于爱国主义观念的概念，他们自己也明确使用了爱国主义的语词。他们的基本观念是，国学代表一个国家的文化和语言，是和这个国家的兴亡命运完全联系在一起的，为了救亡图存，必须保存国学。

邓实、黄节在1905年提出了国学的概念，1907—1908年章太炎也使用这个概念，以此激励国人的爱国心。晚清这些人的国学概念，都是为了激励大家的爱国心，有一种很明显的救亡保国意识，即通过捍

---

① 许守微：《论国粹无阻于欧化》，《国学的历史》，页61。

② 章太炎：《重刊古韵标准序》、《印度人论国粹》，《章太炎全集》卷四，上海人民出版社，1985年，页203、366。

③ 《国学讲习会序》，《国学的历史》，页77。

卫国学、保存国学来救亡保国、保种保教。这个阶段还有一个特点,即国粹派虽然强调要保存国学、守护文化,但并不反对革命,这些人都属于革命派的一翼。郑师渠的《晚清国粹派》对此有清楚的分析。[①]

第二个阶段是辛亥革命以后到新文化运动。这个时期,国学作为一个核心词汇用得较少,但国学被作为中国传统文化的代名词,其问题意识仍吸引着社会的关注。从观念上看,特别是从新文化运动开始,从1915年《新青年》的前身《青年杂志》,讨论东西文化,即中西文化的优劣,可以说其中讨论的中国文化的问题也就是国学问题。国学的基本价值观、基本理念和基本学术倾向,这些在新文化运动前后变成了讨论的中心,虽然这时国学作为关键词出现不甚普遍,但作为问题意识是始终存在的。所以,这个阶段的国学观念主要是文化意义的,而不是政治意义的;人们关注的不是把国学作为国家兴亡的文化基础,反而是从文化的角度,批判原有文化,引进西方文化价值来发展现代中国的文化。这个阶段有关"国学"的问题意识突出的是文化,而不是政治。

这个阶段,比较有代表性的看法可举出1919年毛子水的《国故与科学的精神》一文,其代表性仅从傅斯年为其文作附识、胡适写长信与之讨论便可见。毛子水所讲的国故和清末人讲的国学意义相近,他的定义是"国故就是中国古代的学术思想和中国民族过去的历史"[②]。但与晚清国粹派不同,他不是主张珍视国学国故以为民族国家立国的基础,而是认为:"我们倘若单讲到学术思想,国故是过去的已死的东西,欧化是正在生长的东西;国故是杂乱无章的零碎智识,欧化是有系统的学术。这两个东西万万没有对等的道理。"[③]他更认为:"我们中国

---

① 郑师渠:《晚清国粹派》,北京师范大学出版社,1997年,页321。
② 毛子水:《国故和科学的精神》,《国学的历史》,页142。
③ 同上书,页143。

民族，从前没有什么重要的事业，对于世界文明，没有重大的贡献，所以我们的历史，亦就不见得有什么重要。"①这种在新文化运动高潮中从东西文化比较的角度所作的对于国学的评价，与晚清的关注全然不同，更多的是对国学和传统文化的批判。

自然，在文化观念上，与这一时期主流的批判传统思潮不同的主张也同时存在，如毛子水的文章发表后立即有张煊的反驳文章回应，但毛子水的观点是一时的主流，是无可否认的。虽然新文化运动并非以国学为关键词，但其批判旧文化的锋芒，显示出国学仍是主要关切的对象。

新文化运动时期的争论是启蒙思想和文化保守主义的争论，要指出的是，重视保守中国文化的学者虽然强调中国文化和东方文化的价值（如梁漱溟到北大说我是来替孔子和释迦说话的），但他们并不反对"欧化"，并不拒绝、反对西方文化，正如晚清国粹派在政治上并不反对革命一样。与《新青年》杂志文化观念不同的《东方杂志》同时大量介绍西方文化，主张东西文化融合，是人们所熟知的。1920年代前期《学衡》杂志的出现，一定意义上可以说是接续《东方杂志》的方向，其对中国文化的持守和信念，也是文化意义上的，但绝非反对和拒绝西方文化。这也是第二个阶段的一个重要特点。

第三个阶段是1920年代初期到末期，这一时期，国学的概念开始广泛流行，而越来越成为一个学术概念了。在国学概念下面所谈论的，既不是政治，也不是文化，而是学术研究。这种情形和这一时期发起、流行的整理国故运动有关。1919年年底，胡适吸收了毛子水和傅斯年的概念，肯定了"整理国故"的提法。当时胡适的影响很大，而傅斯年等人还是学生。"整理国故"经胡适肯定之后渐渐发生了影响，其影响

---

① 毛子水：《国故和科学的精神》，《国学的历史》，页144。

所及,首先是北京大学成立了国学研究所(正式名称是北京大学研究所国学门,俗称北京大学国学研究所)。北京大学研究所国学门成立于1922年,此后1924年东南大学成立国学院,1925年清华成立国学研究院(当时的正式名称是研究院国学门,通称为清华国学研究院),1926年厦门大学成立国学研究院,1928年燕京大学成立国学研究所。其他各地成立国学专修机构或学校的,不一而足,其中以无锡国学专修学校为最有名。可以说,在新文化运动后期,出现了一个新的运动即整理国故运动,它在某一程度上有点类似今天的国学热(当然跟今天国学热还是不能相比的,它主要还是在学术层面上,也还没有形成一个全民的文化国学热)。应当说,1920年代的学术界已经逐渐发现了研究国学的重要性,整理国故运动推动了国学的研究,正是在此背景下,出现了一系列国学研究院所及其类似机构。

与成立国学研究院所相关,这时的学术界出现了多种有关国学的定义。虽然国学的定义,不同的人有不同的讲法,但这些定义所突出的理解,都是在学术的层面上,已经既不是强调政治(晚清),也不是突出文化("五四"),而是注重如何发展学术研究。国学的观念在从晚清到1920年代三个阶段的基本变化,反映了人们不同时期对传统文化与时代使命关系的认识。

1920年代,国学的关注进入了第三阶段,虽然文化启蒙思潮和文化保守主义的争论仍在进行,但保守主义并非反对西方文化,而是承认全盘承受西方文化的必要性(如梁漱溟)。且文化保守主义已经结合了第一次世界大战后的世界潮流,融合中西的文化主张并非容易击倒。启蒙阵营也分化出整理国故的主张,但在启蒙阵营,新文学观念与整理国故交杂纠葛,一元化的思维方式支配了多数新派学人,把启蒙与国学对立起来(如吴稚晖),以为要启蒙就必须排斥国学。所以,整理国故运动中真正开花结果的反而多是持保守主义文化观的学者。

不管如何，此时国学的概念已经与邓实的时代不同，越来越成为一个学术的概念了。"学术国学"论说之发展日渐明显，与邓实时的"爱国国学"的论说已大不相同了。

国学概念之使用

近代国学概念的定义应该分为几种。作为一个近代的文化概念而不是古代教育的设置，"国学"与"西学"相对，是指遭遇西方文化冲击之前，中国原有的思想文化与学术体系，这是国学概念在近代的第一种用法。这里的"国"是本国之义，"学"是学术之义。用章太炎在辛亥革命前的提法，国学可称"中国独有之学"[①]；用刘师培后来的说法，则可称"中国固有之学术"[②]；东南大学国学院的提法以国学为"中国原有学术"[③]。 1930年代，王缁尘《国学讲话》称："国学之名，古无有也，必国与国对待，始有国家观念，于是始以己国之学术成为国学。"[④]从历史上看，根据章太炎等人的讲法，国学之提出，是指中国固有的学术，这个意义的"国学"从晚清到民国初年一直都比较流行。

1925年清华国学研究院成立的时候，吴宓在清华《研究院缘起》中，[⑤]表达了对清华国学院的理解，后来又在《清华开办研究院之旨趣和经过》中加以强调："兹所谓国学，乃指中国学术文化之全体而言，而研

---

① 章太炎说："中国之小学及历史，此二者，中国独有之学，非共同之学。"《章太炎政论选集》，页259。

② 此为《国故月刊社》之宗旨。

③ 东南大学《史地学报》第2卷第4号（1923年）有文云："国学之为名，本难确定其义，在世界地位言之，即中国学，分析言之，则中国原有学术……"（页139）

④ 王缁尘：《国学讲话》，世界书局，1935年，页1。

⑤ 《清华周刊》第360期，1925年10月25日，页21-22。

究之道,尤注重正确精密之方法。"①吴宓所用的国学概念,定义了国学的对象和范围,是当时各个国学院所表达得最清晰的概念。这个定义以学术形态的文化为主,故称"学术文化",不包括民俗文化等非学术内容;此外,他重点强调学术文化的"全体",意谓不能仅以传统学术文化之一种(如儒家或道家)代替其全体。至1990年代初,张岱年先生写《国学丛书》的序的时候,还是讲国学即中国学术,这是流行最广的国学定义。

第二种是扩大的用法,即以国学为中国传统文化的简称。以国学为"中国传统学术"和以国学为"中国传统文化",这两种用法的区别在于,"中国传统学术"的外延要小于"中国传统文化",后者往往无所不包,而前者侧重于学术形态的文化而言。当一个概念提出之后,其意义就会不断地扩张,不同的人对之有不同意义的使用。在一般的意义上,把国学当作传统文化,这个"传统文化"的意义就比较广泛了,它不仅是学术形态的文化,还可以将不是学术形态的文化包括在内。不仅是民俗文化,还有其他各种层次的文化,都被包括在内。这样的"国学"概念就是整个中国传统文化的概念了。新文化运动聚焦于中国文化和西方文化的比较,所以这种以国学指中国文化的概念,其使用与当时文化论争的焦点是有关系的。如范百海讨论东西文化时就说"国学是什么? 便是东方全部文化的代表"②。当时批评中国文化的人尤其习惯于在这种意义上使用"国学"。

自然,"国学"一词在20世纪初流行开来之后,和任何其他概念一样,渐渐有不同意义的使用,如以上所说两种是一般所理解和使用的国学概念。在这两种以外,也多有以"国学"代称"国学之研究"者。"国

---

① 引自孙敦恒:《清华国学研究院史话》,清华大学出版社,2002年,页15。
② 范百海:《青年国学的需要》,《国学的历史》,页263。

学研究"是指对中国传统学术文化的研究,中国传统学术体系的内容,包括哲学、古典学、史学、文学、宗教、语言、艺术,等等。

今人余英时认为:"我所讲的国学,主要是指中国传统的一套学术(或知识)系统而言,这个学术系统,便是经史子集的四部分类之学;经过乾嘉朴学洗礼之后,已发展出一套比较完整的研究方法,包括文字、声韵、校勘、考订种种整理经典文本的专技。在晚清时期,这一系统可以《四库全书总目提要》和张之洞《书目答问》为具体的代表。"[①]这个看法把国学理解为传统的学术系统,就对象而言,应当说与吴宓是一致的。此外,他还认为清末民初是国学兴起的时期,当时的章太炎、刘师培的国学已经受西学的影响,将四部之学向西方开放,转化为西方学科分类,与西方学术系统相沟通,不全然是传统的,不能简单视为乾嘉考证学的延续。他所指出的这种转化为西方学科分类的国学,不是纯就对象而言,已经是国学研究的系统了。

我现在要强调的是,实际上从晚清以来到1920、1930年代,"国学"之使用,很重要的一个意义,就是第三个方面的意义,即"国学"是指一个研究体系,或者一个学术研究体系。这个学术研究体系不是指一个过去的文化体系,如孔子思想体系、朱熹学术体系,而是我们现在研究它们的体系。因此,在这个意义上,国学不是一个具有时间性的概念。如认为晚清以前的学术是国学,这就是把国学理解为在时间范围意义上的传统学术,用时间界限来划分国学的范围。1920年代的国学概念则更是一个学术类型的概念,指对中国文化的一种研究体系。

比如,最典型的就是胡适的观念。胡适主张"研究这一切过去的历史文化的学问,是国故学,省称为国学"。这个历史文化的学问不是

---

① 《国学概念与中国人文研究》,台湾"中研院"第28次院士会议主题讲演,见往复网。

指古人对过去的研究,而特别是指近代以来我们对过去历史文化的一种研究。胡适在北大国学研究所办的刊物《国学季刊》的发刊宣言中说"国学就是国故学的缩写"。什么是国故学呢? 他说:"中国一切过去的文化历史,这是国故;研究这一切过去的历史文化的学问,是国故学,省称为国学。"[1] 这个讲法来自毛子水。毛子水在1919年写的《国故和科学的精神》中提出,"国故就是中国古代的学术思想和中国民族过去的历史"。"我们现在研究古人的学术思想,这个学问叫国故学。"[2] 胡适加了一句,说"国故学"缩写、简称、省称就叫国学。就国学这一语词的历史来讲,胡适的说法并不合乎实际,并非先有一个"国故学"流行,然后大家省称、简称,才有了国学的概念。但是胡适的这一说法,显示出国学的第三种意义,即国学是研究过去历史文化的学问。所以,这样的一个国学的概念是一个学问体系的概念,就是指研究中国历史文化的学问体系。

这种用法在1920年代以后广泛流行,也渗透在学者的日常语言之中。比如当时国学名家黄侃,是章太炎的弟子,周作人谈到黄侃时赞叹地说:"他的国学是数一数二的。"[3] 这个"国学"的概念不是指它的对象即传统文化、传统学术,而是指对于它的研究。林语堂说:"科学的国学是我们此去治学的目标。"[4] 他所说的国学也不是就它的对象来讲,而是就一个研究的体系、一个学问的体系来讲的。顾颉刚认为国学就是"用科学的方法去研究中国历史,研究中国历史的材料",这也是说国学是我们现代人研究过去中国历史材料的一个系统,这样的讲法就是以国学为一个研究的系统。顾颉刚还说:"国学是科学中的一

① 胡适:《国学季刊》发刊宣言,《国学的历史》,页194。
② 毛子水:《国故和科学的精神》,《国学的历史》,页142-152。
③ 《知堂回想录》,香港,三育图书,1980年,页482。
④ 林语堂:《科学与经书》,《晨报五周年纪念增刊》,1923年12月1日。

部分。"①这个科学就是一个研究的系统概念。毛子水在1930年代的时候回顾这段整理国故的历史,表扬胡适为北大国学门刊物所写的《发刊宣言》,认为"民国十二年(1923)以后,国内的'国学'之所以能有一点成绩,这篇文章(《国学季刊》发刊宣言)的力量不少"。②他所说的"国内的国学之所以有成绩"这句话中的"国学",不是指作为研究对象的国学,而是指"国学的研究"这个体系。曹聚仁后来也说:"简言之,国学者,以我国固有之学术为研究之对象,而以科学方法处理之,使成为一种科学者也。"(见曹聚仁《国故学之意义与价值》)所以,第三个意义的国学就是指国学研究。

另外,就外延来讲,因为国学同时已经开始作为一个学科的意义出现,在1920年北大成立国学研究所的时候,开始招收研究生。北大国学研究所筹备时的《研究所简章》为国学门所规定的范围,已规定了国学作为的范围,就是"凡研究中国文学、历史、哲学之一种专门知识者属之"③。这是确定国学的范围,即国学不仅仅指文学,也不是仅仅指历史或哲学,只要是研究其中之一种,都属于国学的范围。1925年清华国学研究院成立,《研究院章程》也规定"先设国学一科,其内容约为中国语言、历史、文学、哲学等"④。

国学研究之发展

1922年北大国学研究所成立,其成员与主持者多出自章太炎门下,他们多在1913—1915年进入北大,他们进入北大代替了过去桐

---

① 顾颉刚的两段话皆见《一九二六年始刊词》,《国学门周刊》第2卷第13期,页3。
② 毛子水:《胡适传》,转引自陈以爱书,页196。
③ 《公布北大研究所简章布告》,《蔡元培文集》卷三,页50。
④ 孙敦恒:《清华国学研究院史话》,页26。

城派的遗老,不仅成为北大文史教学研究的主流,而且主导了北大国学研究所。即使1923年胡适起草的《国学季刊》发刊宣言,其中也仍然"隐着章太炎的影子"(逯耀东语)。[1]

《北京大学校史》(增订本)叙述北大1910年代的历史时指出:

> 在此之前,姚永概任文科教务长,桐城派的学风在北大文科居于优势……夏锡祺代替姚永概主持北大文科后,引进了章太炎一派……他们注重考据训诂,以治学严谨见称,这种学风以后逐渐成为北大文史教学与科研中的主流。[2]

京师大学堂开办后,桐城文人任教甚多,桐城派领袖吴汝纶即首任京师大学堂总教习。民国后严复出掌北大,姚永概任文科教务长,亦桐城派著名文人。1913年夏锡祺任文科学长,此后相继引入沈尹默、朱希祖、钱玄同、马裕藻、沈兼士、黄侃等章太炎门人,后又引入刘师培,公开挑战桐城古文,鼓吹六朝文章。进入民国后的一个时期,章太炎一时成为学界最高权威,而北大文科以训诂、音韵、文字考据为真正的学问,也都是受其影响。

1917年后,陈独秀任北大文科学长,引入胡适等人,大兴新文学运动和文学革命。虽然太炎门人在国语运动上与新文学运动一致,但刘师培、黄侃明确反对新文化运动对古代文化采取的偏激态度,而太炎门人始终在北大文科处于优势地位。胡适从一开始就认识到北大文科的这一特点,故努力与太炎弟子们维持良好关系。在新文化运动中,胡适的社会名声虽然大大超过这些文科同事,但在北大文科内部,

---

[1]　陈以爱:《中国现代学术研究机构的兴起——以北大研究所国学门为中心的探讨》序,江西教育出版社,2002年。

[2]　萧超然等编:《北京大学校史》(增订本),北京大学出版社,1988年,页48。

还是太炎门人居于优势和主导。①

1921年北大通过研究所组织大纲提案，规划成立研究所，分国学、外国文学、社会科学、自然科学四门，国学一门进度最快，遂于1922年1月成立了研究所国学门。这与后来清华研究院先成立国学门是相同的。所不同的是，北大在1917—1918年已经成立了分科的研究所(文、法、自然)，但蔡元培后来认为各系分设，散漫无伦，故1920年由评议会决定合并旧研究所为四门，新的研究所以蔡元培为所长。此研究所非专为研究生而立，乃转为研究高深学问而设。其国学门的范围是：凡研究中国文学、历史、哲学之一种专门知识者属之。

陈以爱指出，这些身兼国学门委员的文科教授，除胡适外，皆为留日的章太炎门生，由沈兼士连续担任国学门主任(1922—1927)。与清华国学研究院重视培养研究生不同，北大国学门1922—1927年研究生共46人，但最后只有10人提交了毕业论文。这显然是因为，国学门的重点不在培养研究生，其重点是在"三室五会"的活动，其"五会"中的歌谣研究会成立最早，在全国推动了一场歌谣的运动。风俗调查会与歌谣研究会互动密切，由风俗会而推动方言研究会，广泛开展方言调查。②北大国学门这种偏重民俗、歌谣的倾向不能不说是受到新文化运动及其文化观念的影响。1926年，沈兼士在检讨北大国学门工作时也指出，国学门"关于研究方面尚未能充分进行"③。

从晚清到清华大学国学院成立，国学研究在近代的演进也可以分为三个阶段。第一阶段在学问方法上延续了清代的考据学、训诂学，在观念上导入一些近代的文化意识。如按照古人的传统观点，经学是

---

① 陈以爱：《中国现代学术研究机构的兴起——以北大研究所国学门为中心的探讨》，页29。

② 同上书，页81-89。

③ 《研究所国学门第四次恳亲会纪事》，《国学门月刊》第1卷第1号，页140。

最重要的，但清代的学术观念已经开始慢慢变化，到了晚清，章太炎、刘师培等人的国学研究作为一个研究体系一方面继承了清代的考据学、训诂学作为方法，另一方面就研究意识来看，已经具有了近代观念，认为经学和子学是平等的。他们的研究不再突出“经”，而比较强调“子”，并且在“子”里面对孔子也有所批评。^①这些都体现了近代文化的意识，即把经学的地位降低，把孔子的地位拉平。这是从晚清开始到民国初年，当时的国学作为研究体系的基本形态。这个形态对后世的影响还是很大的。现代人一提起国学，想到的就是考据学、训诂学等“小学”，其实这只是国学在近代的第一阶段的一些特征。这里有一个很有意思的问题，就是清代考据学、训诂学加近代学术观念所构成的近代第一阶段的国学其实已经是一个新的学术体系了，已经不是老的体系了。考据学、训诂学加上近代意识，如《国故论衡》，这些学术系统已经带有新的特色，跟清代传统的学术研究体系不同。如《荀子集解》，虽然《荀子集解》的作者王先谦已经是近代人，但是这本书的学术形态还是比较传统的，可谓是传统的国学。近代新的国学虽然仍包括传统的国学，但其主体已经发展出新的研究形态。

　　第二阶段以北京大学国学所为中心。不过，如果不从阶段，而从典范的意义上来说，则太炎门人的治学仍多笼罩在章太炎之下，这个阶段和北京大学国学所真正新的典范可以说是以强调科学方法和疑古思潮为特色的。这些当然都与北京大学有关。在新文化运动倡扬“科学与民主”的影响下，不仅胡适特别强调科学方法的意义，其他人（如毛子水）也都非常重视科学方法。实际上，“科学方法”作为一般提法已经成为当时学界的共识，而实际上如何理解科学方法则主张有异。

---

　　①　当然他们后来有些变化，比如章太炎早年“订孔”，对孔子有责难，但晚年又收回了。

这个时期提倡的所谓"科学方法"与晚清到民国初年的考据学、训诂学方法是有所不同的。虽然胡适常说清代考据学、训诂学当中有一些科学的方法，但总体来讲，他所讲的科学方法不即是清朝人的那种训诂学、考据学，而是有了一些新的分析和处理方法，特别是由西方学术而来的一些方法，如实验主义、实证方法。除了科学的方法之外，疑古、辨伪的意识是这一阶段的国学研究，特别是胡适、顾颉刚研究的一个特点。[①]疑古思潮与当时整个新文化运动对传统的批判、怀疑有关，人们对中国古史、经书、史料提出许多怀疑，这种怀疑也开发了许多新的研究领域，促进了史学的发展。这是作为研究体系的国学在这一阶段的特点。

这一阶段，北大胡适等所代表的科学思潮加疑古思潮是一个新的国学研究形态，比第一阶段更进了一步。它强调科学思潮、疑古思潮，同时也强调整理古代文化，这种文化学术意识虽然与第一阶段有连接之处，但已经属于更新的一个阶段，其形态与章太炎相比也已经是一个更新的发展了。在章太炎那个时代，考据学、训诂学加近代意识的学术里面虽然也有一些西方的东西，但那些西方的东西更多的是属于"革命"的社会因素，如因为主张革命，所以要把经学和孔子的地位降低。但是到了科学、疑古这一阶段，它配合了科学和民主的呼唤，从文化启蒙的立场引进西方的人文价值，西方文化也在中国近代学科建立的意义上被大量参考借鉴。不过，大体上看，这一阶段的北大国学门，"启蒙"的意识甚强，"科学"的整理不足。

第三阶段就是清华国学研究院突出代表的、借用一个较有争议的概念来讲：汉学化的国学。[②]这里的"汉学"不是胡适继承章太炎而主

---

① 参看陈以爱书，页182、205。

② 龚鹏程：《国学入门》认为，清华国学院的课程与教育，与西方或日本的汉学接近，北京大学出版社，2007年，页228-229。

张的清代汉学，[①]而是世界汉学(及东方学中的中国部分)。汉学化的国学是什么意思呢？其实就是世界化的，跟世界学术的中国研究接轨、合流的一个新的国学研究。[②]例如王国维所实践、由陈寅恪提出的大家熟知的"把地下的实物和纸上的遗文互相释证"、"外来的观念和固有的材料相互参证"、"异国的故书和吾国的古籍相互补正"三种方法，这些方法可以说都是与当时法国和日本的汉学、中国学研究的方法相一致的。所以，像清华国学院陈寅恪所注重的是，清华国学院不仅在宗旨而且在实践上强调的也是，如何利用东方的古语言学、比较语言学等新的知识和方法来研究中国文化，因为当时的欧洲人和日本人都用了这种方法对中国的古学做了新的研究并取得令人瞩目的成果。第三阶段的这种以清华国学院为代表的世界化的国学是新的国学研究的进一步展开，可以说，它真正落实了一个新国学运动的展开。在第二阶段所讲的科学方法和疑古更多还是观念上的解放和启发，如顾颉刚所提出的"层累地造成的中国古史"的假设，并没有落实到学术实践上的卓越发展。所以李济后来说："(清华)国学研究院的基本观念，是想用现代的科学方法整理国故。"[③]这个说法虽然未能把清华国学研究院与北大国学门的特色区别开，但是如果把科学理解为包括西方社会学、历史学、语言学、人类学等社会科学理论，也可以认为，清华国

---

① 关于胡适继承章太炎汉学的一面，参看陈平原：《中国现代学术之建立》，北京大学出版社，1998年，页191、223、224。

② 北大国学门，包括胡适，对此有所意识而未能真正发展，其原因是多方面的。其中重要的一点是启蒙的文化观支配了北大国学门的方向，不仅对民俗、民谣的重视是这样，胡适对传统文化的缺乏信心也是基于同样的原因。可参看拙著：《启蒙批判与学术研究的双重变奏》，《清华大学学报》2010年第4期。

③ 引自夏晓虹、吴令华编：《清华同学与学术薪传》，生活·读书·新知三联书店，2009年，页388。

学研究院才在科学地整理国故上做出了成绩,[①]这也是清华国学院后来居上的原因。[②]后来,中研院史语所的学科负责人也是以清华国学院出身者为主流。[③]

国学名家与大师

　　上述近代国学研究发展的第三阶段之所以由清华国学研究院为代表,是因为这一阶段清华国学院的核心教授王国维等人是世界承认的最好的国学研究者。这就涉及国学家的问题。国学研究作为一个体系的发展不仅离不开国学学问家,而且是通过一代一代的国学家的工作来体现的。如前述近代国学研究的第一阶段,考据学、训诂学加近代意识,这一阶段的国学家以章太炎为代表,他不仅主张革命,有强烈的爱国意识,他的学术主张和学术研究在当时代表着与前代不同的新的研究。第二阶段,即北大从1913年开始到1920年的主流研究,这个时期主导整个北大文科的是太炎门人,故代表这个时代的国学学者是太炎门人。就新文化运动作为一个文化运动的意义来讲,胡适是这

---

　　① 吴宓说:“本院所谓国学,乃取广义,举凡科学之方法,西人治汉学之成绩,亦皆在国学正当之范围以内,故如方言学、人种学、梵文等,悉国学也。”(《研究院发展计划意见书》,《清华周刊》第371期,1926年3月19日)。不过事实上,因胡适和傅斯年等所谓科学主要指自然科学,陈寅恪似以“科学”超出人文学,故不太赞成“以科学方法整理国故”的提法,认为这是新派学人即留学生的主张,也是容易出偏差的。参看《清华同学与学术薪传》,页439。

　　② 周传儒:《史学大师梁启超和王国维》一文中说:“以清华设备之富,梁王声望之隆,清华研究院遂远远超过上海之哈同书院、无锡国学专修馆,乃至北大国学研究所之上。”见夏晓虹编:《追忆梁启超》,页320。

　　③ 卢毅指出:“从后来步入正轨的史语所来看,清华国学研究院出身者显然占据主流,下设三组即分别由陈寅恪、赵元任、李济领衔。”(《整理国故运动与中国现代学术转型》,中共中央党校出版社,2008年,页89)。

个运动的推动者,对青年学生影响很大;但是就北大的国学研究所来讲,胡适并不是主导者,主导者是太炎门人。所以,北京大学国学研究所1922年成立的时候,由沈兼士做主任,人员基本上是以太炎门人为主体。太炎门人比起章太炎,有进步的一面,比如他们同意对白话文的推广,这与新文化运动是合拍的;他们对民俗文化也颇重视,这也是与新文化运动能够合流的。但总体来讲,他们的国学研究方法受章太炎突出考据学治学方法的笼罩比较严重,所以说,他们还没有像第三阶段清华国学院大师那样把世界学术中新的东西引进来。[①]举一个例子,章太炎轻视甚至反对甲骨文研究,而王国维则是甲骨文研究起家的学者。这就可以看出来,像章太炎的这种国学研究在1920年代已经不能代表国学研究的方向,新的国学要向前发展,一定要从世界上各个方面来吸收研究方法和研究成果,站在研究的前沿。

北大从1913年开始,整个文科都是章太炎的门人所主掌的,可是今天看来,他们之中有哪一位的学术贡献在学术史上是特别重要的呢? 比如沈兼士,我们从近代学术史上来看,其成就显然和王国维、陈寅恪等人是不能相比的。太炎门人的学术虽然已经是一个近代学术的形态了,但是学术研究的步伐还不能够跟上时代的要求。因为,这个时期欧洲和日本的汉学研究已经长足发展,在许多方面已经超越国人。其实胡适、陈垣对此都很感叹,后来傅斯年也处心积虑地要和汉学争高低,[②]而太炎门人则缺少这样的学术胸怀和学问志向。[③]至于清华国学院,王、梁、陈、赵四先生则已经入于此流之中,如王国维已

---

① 梁启超在《先秦政治思想史》中已指出,新国学研究之新即在引入外来学术的方法。刘梦溪也指出,北大国学门是新国学,清华国学院比起北大国学门是更新的国学,见《论国学》,《中国文化》2006年秋季号。

② 参看陈以爱书,页291。

③ 如黄侃便认为,研究国学,懂外文不一定是必要的,王念孙不懂外文,也是一个大学者。参看《清华同学与学术薪传》,页397。

经跻身世界一流的研究者当中，这是当时世界学人如伯希和等都承认的。王国维等和当时的世界各地汉学家们常有交流，并在这些交流中得到了世界汉学家的尊敬。[①]

国学名家第一代是以章太炎为代表，第二代是太炎门人所代表的北大学者。太炎门人的国学研究当时还是以考据学和训诂学为主，虽然他们也有一些新的文化观念，比如赞同白话文运动等，但是就学术研究来讲，当时还没有走在最新的国学研究前沿。第三阶段的代表是王国维和清华国学院的学者，他们的学术视野和研究成绩，无愧于世界第一流的研究。国学研究不是关起门来研究能发展的，而要充分了解世界中国学研究的方法、成就、动向。其实胡适当时是有这个信念的，然而，由于他受到新文化运动观念影响太大，这使他不能没有束缚地去追求国学的学术研究，也无法取得突出的成绩。所以正如我们看到的，王国维是近代国学家在第三个阶段的代表。

陈寅恪到清华的时候，他的视野、观念和方法跟王国维是一致的，受世界汉学、东方学的影响尤为突出。他跟王国维之间特别能够交心，除了社会、文化方面的共识之外，学术发展的眼界和方法的共识也应是重要原因。所以，到1930年代时只有他能代替王国维的角色，成为世界汉学、国际中国学共同认可的最高水平的新国学研究者。虽然陈寅恪的研究成果后出，但他的研究方法、路子与王国维是一致的。这个路子就是，它始终与世界的中国研究、汉学研究、东方学研究连接在一起，站在世界学术的前沿。所以，清华国学院的学术始终是一个开放的研究视野，它不排斥汉学，不排斥外国学者研究、自说自话，而是要在整个世界的学术社群里面建立它的学术地位。有学者用"汉学化的国学"来描述清华国学院的学术，这里的汉学不是清代的汉学，而

---

① 参看桑兵：《晚清民国时期的国学与西学》，《历史研究》1996年第5期。

是指国际的汉学；这个讲法虽然不见得恰当，但是它体现了当时清华国学院的一个特点，体现出他们的学术视野是世界性的。

作为学术研究体系的近代国学，历史地包含两个部分，一部分是传统式国学研究，如孙诒让《周礼正义》、王先谦《汉书补正》等，另一部分为新的国学研究。新文化运动以后，新的国学研究慢慢占据了主流，新国学研究如王国维的《观堂集林》、陈垣的《元西域人华化考》等。

陈平原认为，晚清与"五四"两代学人(如章太炎和胡适)共同开创了中国现代学术的新天地，[①]但从国学研究的学术史角度来看，王国维、梁启超、陈寅恪的研究已经超越"五四"，开创了后"五四"时代的新国学研究。这并非仅仅从时间上说，而是从类型的逻辑关系上说，如王国维、梁启超都是"五四"前成名的人物，但他们的研究不是章太炎、胡适所主张的清代汉学式研究，他们的学问类型都是超越"五四学人"，而不是"五四学人"所能笼罩的。所以陈平原其实只讲了我们所说的前两个阶段，而忽略了第三阶段，王国维、梁启超都不能归为"五四学人"，而他们才是中国现代学术的真正奠基人。

1920年代刘复等人及日本学人，都认为整理国故运动是一种"新国学之发生"。胡适后来也把他起草的《发刊宣言》称为"新国学的研究大纲"。当时尚在留学的刘复说："我们只须一看北京大学研究所国学门中所做的工作，就可以断定此后的中国国学界，必定能另辟一新天地，即使是一时还不能希望得到多大的成绩，总至少能开出许许多多古人所梦想不到的好法门。我们研究文学，决然不再做古人的应声虫；研究文字，决然不再向四目苍圣前去跪倒；研究语言，决然不再在古人的非科学的圈子里去瞎摸乱撞；研究歌谣民俗，决然不再说五行志里的鬼话；研究历史或考古，决然不再去替已死的帝王做起居注，

---

①　参看陈平原：《中国现代学术之建立》，北京大学出版社，1998年。

更决然不至于因此而迷信帝王而拖大辫而闹复辟！总而言之，我们'新国学'的目的，乃是要依据了事实，就中国全民族各方面加以精详的观察与推断，而找出个五千年来文明进化的总端与分绪来。"①可见，"新国学"的概念在1920年代已经登场了，这个时期国学研究取得了新的发展。新国学当然是指作为一个研究体系已经有一个新的形态、新的方法的进步。所以，我们今天在讨论国学的时候也要把新国学发展的过程、阶段、经验做一个总结。可以说，清华国学研究院是1920年代新国学运动里面最后的、有代表性的、开花结果的环节。

新国学运动中，国学家的文化观与国学家的学术成就，两者之间有相当的关系。国学家的文化观对国学研究的重要性，这一点在百年之后的今天来看是越来越清楚了。北大国学研究所（包括胡适），之所以在国学研究上没有取得最好的成绩，其中有一个因素跟新文化运动的文化观的影响有关。新文化运动文化观的主导倾向是批判传统文化、反传统文化，这在当时虽然有它的必要性，可是在学术上也有一些影响。这种影响就是人们不能理直气壮地去研究中国文化，它使研究中国文化没有一个文化观的支持。整理国故运动本来是一个能够走向学术的研究、取得很多学术成果的运动，可是从一开始就有一些新文化运动的反传统声音来影响它，认为研究国学虽然不是一点意义也没有，但是意义不大；更激烈者如陈独秀认为，研究国学、整理国故如同在大粪里面找香水，而我们现在是要从西方引进香水。胡适本来是赞成整理国故的，因为胡适作为一个学者，了解当时汉学发展的情形，知道国学研究应该有一个大的发展，所以他提出整理国故。但是后来他屈服于新派的批评压力，要维护其作为新文化运动领袖的地位形象，于是就转而表示他提倡整理国故是为了"打鬼"，为了"捉妖"，

---

① 《〈敦煌掇琐叙目〉叙》，《北大国学门周刊》第3期(1925年10月28日)。

为了解剖中国社会的文化病象。在这样一种文化观的影响下，国学研究没有一个理直气壮的文化观作为基础来支持，成为一个很重要的问题。实践证明，国学研究需要有一个恰当的文化观作为基础，清华国学院是一个典型的范例。如吴宓是清华国学院的创始人，他是学衡运动的主要领导者，倡导"昌明国粹，融汇新知"，主张中西要融合，没有任何文化的自卑感。清华国学院的几位导师也没有激进文化观的束缚，梁启超重视中西融合，王国维突出兼通中西文化的重要性，陈寅恪强调不忘民族本位，在文化观上都是一致的。所以，近代文化史的经验告诉我们，要有一个重视民族文化的文化观作为底气来支持国学研究，加上引进新的研究方法，国学研究才能真正结出成果。

可以这样说，1929年夏清华国学研究院停办，此后清华的人文学就按照分科的系统来发展，兴办了分科的研究所，而不再有统括的国学研究院了。随着学系分科，清华文科的分科发展在1930年代到1940年代期间也创造了它的辉煌。在这个意义上，应该说清华国学研究院开创了清华文科研究的黄金时代，作为一个开创阶段，它构成了此后老清华文科辉煌发展的一个基础和示范。1929年以后，清华分科的发展是跟随着这个示范继续发展的。虽然此后清华的人文学科是以文学院为组织形式的分科发展，但是它的学术精神、学问宗旨、文化观，还是秉承了清华国学研究院中西融合、追求卓越的路向。清华文学院时期的学术也可以看成是清华国学研究院学术的继续发扬和光大延续。

改革开放以来，我国的人文学术研究，特别是对中国历史文化的研究有了长足的进步。随着中国在世界上地位的提高，我们的大国地位要求提高我们在世界学术中的地位和影响。从这个角度来看，新清华国学院的宗旨一方面要继承老的清华国学院传统，另一方面是进一

步发展老清华国学研究院的传统。今天的清华大学国学研究院当然
是清华的老国学研究院的继承者,是它的精神上的延续;我们沿用"国
学"为标志,就是要突出民族文化的主体意识,突出文化的主体性。
外国人研究汉学虽然有其成就,但不会有中国学人这样的主体意识,
甚至可以说,西方的汉学是西方学术的一部分。今天的中国人研究中
国文化、中国历史,必须突出我们中国人的主体意识、主体理解,坚持
中国文化的主体性建构。

　　新的清华国学院希望如何来继承和发展呢? 我们用八个字来表
达: 中国主体,世界眼光。"中国主体"是要突出中国人研究理解的主
体性,要突出中国人对中国历史文化的认识,理直气壮地突出我们自
己对民族文化的理解和研究方法。我想,中国人主导中国研究的时代
应该是慢慢到来了。但是,这个中国主体不是一个孤立的主体,我们
绝不是排外的、拒绝外部世界的、封闭的。"世界眼光"也是我们从老
清华国学院继承的观点,而这个眼光让我们不仅仅向世界汉学开放,
也向整个世界学术开放。我们今天研究中国文化不仅要吸收汉学的
研究成果,达到汉学的水平,还要吸收西方一流的人文学、哲学、社会
学所有的营养,我们要做出更好的研究成果,引导世界的潮流,即我们
要使自己不仅与世界合流,而且成为主流。这是我们对新时代中国国
学研究所应当有的志向和宗旨。

儒家思想与当代社会*

谢谢主持人的介绍。各位朋友，大家上午好。今天我讲的题目叫《儒家思想与当代社会》。我觉得，古代思想家里面，老子和庄子还好讲一点儿，老庄的思想比较另类，它刺激你从一些你想不到的地方想问题，比如说我们都从正面考虑，它却提示我们从反面考虑。这样的思维是反向的、否定的，但它往往能挑战我们的习惯思维，给我们以新鲜感。

儒家思想不是这样，它可以说是平淡无奇的，我们讲起来也常被认为是老生常谈。但是为什么这些平淡无奇、老生常谈的东西今天还要讲？这其中包含着一个"中庸"的道理。大家可能认为，中庸不就是中庸之道吗？其实，"中庸"这个词有其哲学上的解释，"中庸"的"庸"字在我们今天看来，主要就是平庸，但汉朝人解释：庸者，用也。就是指你怎么用它，把中的道理拿来用就叫中庸。"中"是指根本的原则，它是中国很古老、很重要的智慧。怎么用这个"中"，就是中庸。宋朝有个大哲学家朱熹，今年是他诞辰880周年，他对"庸"字进行解释，认为：庸，平常也。其实，古书上的"庸"不仅有平常的意思，还有恒久、恒常的意思。朱熹很强调平常的意思，认为平常的东西才能恒久，平淡无奇的东西才能长久。他举例说只有粗茶淡饭可以顿顿吃，

---

* 本文是作者2010年7月31日在国家新闻出版总署的演讲记录整理稿。——编者注

天天吃，月月吃，年年吃而吃不出毛病，所以最平常的东西就是最永久的东西，这是一个哲理。同样，儒家思想看起来都是一些平平常常的道理，例如尊师重道、父慈子孝，这谁不知道啊，但是这个道理是有永恒性的。儒学这一讲为什么又好讲又难讲，就是我们要把平淡的东西不断地加以分析，这是不容易的。比如，我们这个读书活动的主题叫作"强素质，作表率"，这就是一个儒家的题目，表率就是儒家的概念，这个题目本身就已经标示了在我们的思维和价值信念中包含了很多儒家的东西，只是大家不自觉而已。

儒家文化

儒家文化是一种源远流长的文化，儒家是指孔子开创的一个学派。孔子生于公元前551年，卒于公元前479年，距今两千五百多年了，因此，儒家学派也有两千五百多年的历史了。这样一个传承久远的文化传统，在世界文化史上也是罕见的。一般认为，一个能够传承久远的文化传统必然包含着一个经典的内核，具有一套经典的体系，而这套经典体系也决定了这个学派的主要特质和性格。我想这应该是适合儒家传统的特点的，所以我们讲儒家文化的特点就从它的经典体系开始。

儒家经典体系的第一部分是"五经"。"五经"的第一部是《诗经》，大家比较了解，特别是《诗经》里面的一些爱情诗，比如"君子好逑"之类。第二部是《书经》，就是《尚书》，它主要涉及夏、商、周三代的政治文献，后来就成为大家所看到的上古历史。第三部是《易经》，20年前大家很少知道，但今天街头巷尾书摊上摆着许多关于《易经》的书，这是古代占卜之书，也包含了古代的哲学思想。第四部是《礼经》，"礼"在当时主要是礼仪、礼节和社会规范。第五部是《乐经》，这个大家了解得更少，因为《乐经》到秦始皇焚书坑儒以后就失传了。"乐"是一个广义的概念，不仅包括音乐，也包括舞蹈。《乐经》主要从理论上肯定了礼乐文化中"乐"这个部分的重要性。最后是《春秋》，也可以叫《春秋经》，记载鲁国的历史，大家知道，关于孔子的很著名的文化事件，就是他除了把《诗》加以整理删改以外，还删定了《春秋》。这六部文献不就是"六经"了吗？的确，从先秦到两汉之间本来是有"六经"概念的，到了汉武帝的时候，《乐经》没有了，所以汉武帝立五经博士，以国家的力量正式肯定我们这个国家有一套文化经典，而且设立专门的专家来研究它。

"五经"或者"六经"跟儒家有什么关系呢？夏、商、周三代的诗歌、乐舞、政治、历史，包括在《易经》里面所体现的古人的思维，这些东西跟儒家有什么关系呢？为什么算作儒家的经典呢？因为这些经典经过孔子的整理，孔子教授弟子把这六部经典作为核心和精华。如果将儒家与其他学派进行比较，你会发现一个非常重要的特色，就是儒家是以传承"六经"作为最重要的文化责任和使命的。老子和庄子没有。老子和庄子有一点反文化的色彩，不是说他们的思想完全不可取，比如说他们主张"返璞还淳"，是有值得肯定的地方，但他们认为文明越发展就越失去了淳朴的本性，因此他们反对代表文明发展的《诗》《书》《礼》这些东西，可见道家是不讲文化传承的。先秦各家里只有儒家讲文化传承，孔子带着他的弟子每天都讨论"六经"这些东西。以前我们了解得不多，最近20年发现的大量出土文献证明了这一点，例如20世纪90年代发现的竹简就记载了孔子和子贡以及其他的学生讨论《易经》。后来上海博物馆公布的从香港买回来的出土战国文献，第一篇就是孔子的《诗论》，即孔子和他的学生讨论《诗经》的问题。

儒家是传承三代文明的主要学派。儒家早期的七十子及其后学，每天讨论什么？就是文化的传承问题。这个很重要，文化如果没有传承，你这个国家的历史怎么写？所以一个国家有历史，最重要的不是说国家不断地在这块土地上有生息的人群，而是说有一个连贯的历史记忆，这是我们中国历史的特色。在世界文化史上没有第二个国家能像中华文明这样有这么长久的、连续的传承。跟这个连续性相匹配的是，这个不间断传承的文明和文化的载体所依存的政治实体，在几千年来基本维持统一。这两项成就在世界史上独一无二。有人说中国文化长远，世界上还有一个例子就是犹太文化，它也一直延续到今天。但是，犹太文化有它依存的固定的政治实体吗？没有。犹太人在世界上各个地方流动，直到1948年才有犹太复国主义。我们中国以长江和黄河流域为基础的中华民族政治实体，不断扩大，不断融合，虽饱受战争之苦，但从未完全被外族侵占或长久分裂。这是很难得的。一种文明只有具备巨大的融合力和凝聚力，才能达到这样的结果。融合力、凝聚力从哪里来？就是从我们平淡无奇的儒家文化中来。所以，大家不要小看儒家讲仁义礼智，讲父慈子孝，讲家庭亲情，这正是中华民族的凝聚力、融合力的根本性的东西。儒家经典跟其他学派的经典相比还有个特点，就是儒家所传承的以"五经"或者"六经"为核心的经典体系，不是一家一派的、一个宗教的经典，而是一种文明的经典，即中华文明的经典，这一点具有非常重要的意义。

"五经"的体系到汉代以后逐渐扩大，从"七经"、"九经"直到"十三经"，在这个过程中增加了《礼记》。《礼经》在汉代以"仪礼"的形式保留下来，汉朝人又搜集了先秦时期对《礼经》的解释，结集成了《礼记》。叫"记"的东西就不叫"经"，它是辅助经的读物。《春秋》则有三种传，传就是解释、说明的意思。后来，春秋的"三传"也慢慢地进入到经典体系。另外，《论语》和《孝经》在汉代虽然不是经，但是已经有了"经"的地位。《尔雅》是一部字典，因为研究古经必须借助古代的字典，所以也进入经典体系。到了宋代，《孟子》也入经了。今天我们看"十三经"，除了前面的"五经"以外，还有《礼记》《春秋三传》《尔雅》《论语》《孝经》和《孟子》。其中，《礼记》是对《礼经》的一些解释，《春秋三传》是解释《春秋》的，《论语》《孝经》《孟子》是先秦儒学的东西，虽然有一些新内容，但它们还是以"五经"的文化作为根本核心的。

　　这种情形到了宋朝以后有点变化。从两千五百年前一直到唐代，我们的经典体系是以"五经"为主的儒家经典体系，与其相匹配的人格特征和人格代表，我们叫"周孔"。今天我们讲儒家常说"孔孟之道"，这是后来的说法。从汉代到唐代，不讲"孔孟之道"，而讲"周孔之道"，"周"就是周公，"孔"是孔子。周公的大部分思想保存在《尚书》里面。可是到了宋代以后，在儒家经典系统里面有一套新的经典体系开始跟"五经"并列，其地位甚至超过了"五经"，这就是"四书"。"四书"就是《论语》《大学》《中庸》《孟子》，这样排次序是有原因的，《论语》是孔子的教导，《大学》一般被认为是孔子学生曾子发挥了孔子的思想写成的，《中庸》是孔子的孙子子思的一些基本思想，而孟子本人则是子思学生的学生。南宋朱熹第一次把四本书合起来称"四书"，到元代以后都没变。朱熹自己就写了那部有名的《四书集注》，成就很高，但他晚年很凄惨，因为当时的朝廷打击他，说他是伪学之魁。他死后十几年，宋理宗把他的儿子招来，说你父亲写的书太好了。到了元朝正式把他的《四书集注》作为科举考试的答案，一直到明清还是这样。不仅在我国这样，在朝鲜也是这样。一直到19世纪整个朝鲜王朝的统治思想都是朱熹的《四书集注》的解释。在宋、元、明、清这四个朝代，"四书"的地位越来越高，道理在什么地方呢？我们看《圣经》，知道有《旧约》和《新约》之别，其实"五经"和"四书"的区别就有点儿像《旧约》和《新约》的区别。《旧约》里面包含许多诗歌、礼仪和历史的东西，

《新约》则完全集中在道德的教诲。"四书"就是完全集中在道德教诲。朱熹讲过一句话，他说"五经"好像是粗禾，"四书"好像是熟饭，"五经"还要加工才能吃，"五经"带有很多不是精华的东西，而"四书"是精华的东西。任何宗教都有这样一个变迁，就是越来越突出它核心价值的部分，而把那些跟核心价值没有直接关系的部分在经典体系中慢慢淡化，这就是"四书"为什么能取得这样地位的原因。因此，我们可以说"四书"体现了中国人的核心价值观，这个核心价值观扮演了这样一个角色，就是中国人有一套传统的成体系的价值观念。

儒家思想代表了中国人的核心价值观，这套核心价值观是跟中国人的历史文化处境和生存条件相符合的，它和中国人生存的历史环境、历史条件、生产方式、交往方式是融合在一起的，因此符合当时中国社会的需要，所以它成了中国文化的主体部分。那么，什么是不适合中国文化的需要的？有些文化也不能完全说不适合，但是可以做一些比较。比如说，佛教作为外来宗教入华的时候，首先它不是一个本土的东西，但不是本土的东西不等于就不能够被本土文化所接受，它要经历一个选择的过程，看适不适合这个社会的需要。因为中国社会长期以来是一个农业社会，而且是一个乡村宗法共同体的社会，是以家族为主要形式的生活共同体。中国又是一个中央集权的国家。佛教是一个出世的宗教，中国人把佛教弟子叫出家人，就是说他要出离家人的共同体，这对中国文化来讲是一个挑战和冲击。因此佛教进入中国以后，始终跟本土文化有冲突，但也有融合，其中最重要的一部分就是佛教慢慢地向中国文化低头，它要承认"孝"和"忠"。"孝"所代表的家庭文化的价值，佛教起初并不承认，因为所有入世的价值它都不承认，它是要出离此世的，这个"世"就是你的社会关系。人的本质就是社会关系，但佛教要人脱离所有的社会关系，离开父母，抛弃妻子、儿女，脱离政治社会，到山林修行。当然，它有它的道理，即人只有摆脱了这些社会关系才能够清静地修行，达到最高的境界，这是从修行的角度来讲。如果从本体来讲，佛教认为这些关系都不是实在的东西，都是虚假的东西，甚至人生都具有虚假性，是空的。这样一套思想适不适合中国社会的主流需要？能不能成为中国社会的主流价值？如果中国社会原来是一片空白，也许它就可以进来成为这个社会的主要思想，但是中国社会有自己本土的文化，最主要的就是儒家，儒家一直在强烈地批评佛教，强调自身是讲修身齐家治国平天下的，佛教讲得最多的只是修身而已，佛教这套东西不适合中国社会。所以我刚才讲，儒家适合中国社会的需求，因而成为了中国文化的主体部分。从先秦两汉开始，儒学就不断地传承中华文明的经典，一直到19世纪后期，所以，儒家对中国文化的传承起了重要作用。如果我们从民族精神的角度来看，中华民族的民族精神可以说是由不同的兄弟民族的文化共同构建的，但如果从中华民族精神的主导方面看，我们不能不说儒家的文化和价值在塑造中华民族的民族精神方面起了不可替代的重要作用。

最后一点，儒家的创始人孔子在几千年的中国文化发展中，特别是在近代以来中华文明的重新建构中已经成为了中华文明的精神标志。我们看看海外几千万华人，如果你问他们什么是中华文明的精神标志？我想这个答案基本是一致的，那就是孔子。孔子已经不是一个个人的问题了，他在历史中已经被赋予了中华民族精神标志的含义。所以我们今天对待孔子就要很慎重，不能仅仅简单地把他当作一般的历史人物来对待。

儒家的治国思想

儒家的治国思想，我们分五点来讲，即以人为本、以民为本、以德治为本、以修身为本、以家庭为本。

第一点是"以人为本"。"以人为本"这四个字其实并不是儒家最早提的，而是见于《管子》,《管子》这部书比较杂，里面有很多儒家思想。我们可以说至少从西周以来，"以人为本"的思想就在不断发展，而且包含不同的含义。首先是讲人和神的关系，这是一个很重要的发展，因为在那么早的时代，人文主义的思潮就能够战胜宗教的力量，这是中华文明能够不断发展的重要根源。所有的古代宗教都讲尊天敬神，天和神是第一位的，但是在从西周到春秋的几百年中，已经不断发展的思想却是人比神更重要。在春秋时代有句话讲："夫民，神之主也"，就是说人民是神的主体，神要依赖于人，要按照人的要求和意愿行事，这正体现了人神关系中"以人为本"的思想。其次，在早期儒家思想里也讨论了制度跟人的关系，最典型的是《荀子》里面讲的"有治人，无治法"，就是说法再好还是要看人；"法不能独立，类不能自行"，是讲法律这个东西不能自动被执行；"得其人则存，失其人则亡"，再好的法度也要有君子执行才能发挥好的作用。这也是一种"以人为本"，我们叫"人治"。今天我们说人治的思想需要从很多方面加以批判，但是不能不说它也是一种"以人为本"的思想。最后，"以人为本"的价值取向倾向于重视人际关系，而不是仅仅讲个人。也就是说，一个人不仅要管自己，而且要考虑人际关系。以上三条就是儒家治国思想中"以人为本"包含的三层含义。

第二点是"以民为本"。只讲"以人为本"还比较抽象，比如说人和神是宗教的关系，人和制度是政治的关系，人际关系是社会学的关系，而在中国古代是非常讲究实际的，特别是政治管理方面，所以"民"的问题更突出。今天这个问题大家仍然在讲。我们新一代中央领导集体这些年的讲法里面就有很多"以民为本"的思想，比如说"情为民所系"的提法，最近大家非常重视的民生问题、亲民政策等，就体现了现在的领导集体强调的政治价值跟传统的儒家民本主义思想有直接的联系。这种民本思想来源相当古老，在《尚书》里面有一篇叫作《泰誓》，是商朝人的思想，可能经过周朝人的改造，说"民之所欲，天必从之"，就是说人民的欲望，老天爷一定要顺从。我们承认有个老天爷，可是这个老天爷没有独立的意志，它是以人民的意志为自己的意志的。这样一种对天的宗教理解，已经把天民意化，这是中国人的特点。在《尚书》里面更古老的有一篇叫《五子之歌》，说"民惟邦本"，国之本在民，也体现了民本思想。

儒家继承了三代文明的民本思想，在《孟子》里面讲得最突出。大家知道有个故事，就是朱元璋看了《孟子》非常生气，因为《孟子》里面有很多地方都是讲民本的，而相对来说把君放在很次要的地位，最典型的就是那句话，"民为贵，社稷次之，君为轻"。朱元璋一看，这还得了，找一个大臣把《孟子》里面的这类话都给删去了。他本来想把孟子牌位请出孔庙，满朝大臣都跪在地上不起来，说这可不行。这就是政治权威跟道德价值的对比，《孟子》所代表的是中国传统的道德价值，朱元璋要用政治权威把道德价值铲除是不行的，所有的士大夫都不接受，最后只好重新编一本新的《孟子》，叫《孟子节文》，当然这个长久不了，后来的明朝皇帝就不太把这个当回事儿了。可见，"以民为本"的思想作为儒家治国思想的一个根基，有很深的历史根源，并且深入人心。

在《孟子》里面把善政和善教分开的思想也体现了儒家的民本思想。他说善政不如善教得民，善政就是管理得井井有条，善教就是善于教化人民，这是两种不同层次的政治管理方式。善政的"善"就是有效的管理，能使民畏之，能使民服从，而善教则是能使民爱之。他说善政得民财，善教得民心，法令政策有效的执行能够得民财，但是只有善教才能得民心。有句老话说，得民心者得天下，这个是老生常谈，平淡无奇,但这也正是儒家所坚持的非常重要的信念。它始终把得民心、得到人民的拥护看成是政治的最高境界和成就,而不是说仅仅从工具的意义上把人民管住,建立一套秩序。我们今天当然不必凡事都按孔子、孟子所讲的做,但是他们这套思想对中国人有很大影响,人民也会从这个角度来衡量政治的成败和高下。这就是政治文化作为价值对政治的一种影响和制约,所以不能小看了传统文化的意义。

第三点是"以德治为本"。"以人为本"、"以民为本"的思想在西周到春秋的时候已经出现了,而"以德治为本"则是从孔子开始才明确提出。如果说政治管理模式有一个大的转变的话,我认为这个转变从思想上就是从孔子开始提出的。孔子讲为政以德,又说"道之以政,齐之以刑,民免而无耻。道之以德,齐之以礼,有耻且格"。这个"道"就是领导的意思,道之以政,就是用政策政令来领导。"齐"是整齐划一、规范的意思,齐之以刑,就是用刑法来规范社会,什么结果呢? 民免而无耻。"免"是指人民可以不去做那些出格的事,"无耻"就是没有羞耻心。可见,孔子始终认为一个好的社会治理不仅仅是靠政策法令和刑法来使这个社会有序,而且要使这个社会的人们有羞耻心。这样的社会怎样达成? 他说"道之以德,齐之以礼,有耻且格"。就是说用道德领导,用教化的方法去引导。礼就是礼俗,它可以慢慢内化,用它来做这个社会的规范,使人们有耻且格,也就是行为上不出格,同时有羞耻心。孔子的治国方法是以德治国,以礼治国,就是一种诉诸非法律的手段,以礼俗和道德教化为主要途径的社会管理方式。为什么用这种方式? 因为他的理想的政治不是一个单纯的秩序,而是一个有羞耻心的社会。这个说起来也是平淡无奇的,但这就是儒家的理想,这个理想更重视精神文明在一个政治社会中的意义。

这个思想大家现在听起来是老生常谈,但在当时有一个转型的意义。孔子以前的政治一直是以政令和刑法治理社会作为主要的思路,到孔子这儿变了，所以孔子的话是有针对性的。商朝以来，大多数情形是以政令为主导，以刑法为禁止手段的一种管理社会的模式，碰到问题就改，但是在理论上没有提出一个典范，孔子就提出来了，是"以德治国"还是"以刑治国"？我们看中国历史，特别是到了孔子的时代，春秋后期，很多国家的改革都是朝着一个以刑治国的方向进行，越来越变成靠成文法来管理社会，在孔子看来，这是使人们没有羞耻心了。因此孔子的思想不仅具有现实意义，而且有超越意义，超越了以前"以刑治国"的典范。更广义地看，这种思想里包含有一个德和力的关系，就是"以德服人"还是"以力服人"的问题。《孟子》里讲，"以力服人者，非心服也"，"以德服人者，中心悦而诚服也"。从前《论语》里也讲，"何为则民服？"就是说怎么样使老百姓服从。西方政治学说认为服从是政治学的重要问题，命令与服从的关系是政治上的主要关系。但是儒家的思路是挑战把命令和服从看成主要政治关系的思路，它的思路始终围绕的是善政不如善教，"以力服人"不如"以德服人"。荀子后来也讲"以德兼人者王，以力兼人者弱，以富兼人者贫"。这是早期儒家关于"以德治为本"的政治思维，在当时确实有典范转移的意义。

第四点是"以修身为本"，也具有典范转移的意义。《论语》里有句话，"政者，正也"，好像是对政治下定义，政治就是纠正、规范。"政者正也，子帅以正，孰敢不正？"帅就是表率、率先。跟他对话的人是一位诸侯国的君主，所以他的意思是作为君主，你先做到正，那么谁敢不正呢？后面说"其身正，不令而行，其身不正，虽令不从"，"苟正其身矣，于从政乎何有？""何有"是说没有什么困难，你能够正身的话，从政就没有什么困难了，"不能正其身，如正人何？"你自己都不能正，怎么正别人呢？

这个思想我们说起来也是老生常谈。孙中山先生对政治下过一个定义，说政治就是管理众人的事，政就是众人的事。我国古代有类似的讲法,《左传》里说"政以治民",但这跟孙中山先生的讲法不完全一样,孙中山是说管理众人的事,而"政以治民"说的是管理人民,这是两个不同的概念。管人就是要把人管得服服帖帖的,管理众人的事是要把他们的事情办好,有点服务型政府的意思。但是孔子以前的古代政治,就是"政以正民"和"政以治民"。《左传》这两句话讲的是春秋中期和前期的东西,孔子讲的是春秋后期的东西,孔子在这里有一个转变,"政者正也"这几个字其实不见得是孔子的发明,而是孔子在陈述已有的对政治的理解,春秋时代对政治的理解就是"政者正也",正什么呢? 政以正民。政治就是要正老百姓的。所以"政者正也",本来是传统的政治学概念,认为政治的本质就是规范、管理、纠正人民,孔子则对它做了一个相反的诠释,认为正是要正自己,是君主正自己。从正人变成正己,这是孔子对为政之道的一个新诠释。在孔子这里,政治的本质不再被理解为是正人,而是正己,正己就是首先要作表率。"以修身为本",这在《大学》里讲得更清楚,说"自天子以至于庶人,壹是皆以修身为本",从天子一直到老百姓,都要修身,修身是最根本的。因为儒家对这种表率和示范作用有一个最根本的信任,他们认为领导者能够以身作则起表率作用,被领导者自然就会按这个方式去做。可见,"以修身为本"这种思想看起来平淡无奇,但是从它的历史发展的角度来讲,它在历史上是有革命意义的,当然经历革命以后就沉淀为儒家政治思想的传统了。

第五点,"以家庭为本"。在政治管理方面,儒家也注重家庭的作用。孟子讲,"天下之本在国,国之本在家",就是始终把家、国和天下看成是一个连续性的结构,家庭的原则适用于国家,国家的原则适用于天下。在古代,特别是春秋战国时代,家是一个很大的家,古代实行分封制,天子分封给卿,卿分封给大夫,大夫分封给士,士分给家,因此家也是一个分封单位,跟其他大的结构相比,也具有同样的政治结构。从前的家是对上一级的贵族负责，到了汉代以后，每个家庭就变为直接面对中央政府，但这种文化基因不断被强化，家庭始终被看成国家的根本。在古代的政治思想里，不是把家看成私的领域，把国看成公的领域，公私严格分开，而是把家始终看成跟国有同构性的东西。我们常说"忠臣出于孝子之家"，你对父亲都不孝，怎么能期待你在国家的活动中忠于君主、忠于国家呢？虽然孝子只是实践家庭道德，但说明这个人有更普遍的道德意识，表面上是对家庭的忠诚，实际上是对道德承诺的那种献身，所以换了不同的场合，他同样能对道德奉献自己的承诺。

儒家治国思想这五个特点，我们也要呼应一下道家的治国理念"无为而治"。我想"无为"并不是儒家排斥的概念，但是儒家有自己的理解，孔子说："无为而治者其舜也与？"认为舜就是"无为而治"。儒家把尧舜作为圣王的典范，尧舜有仁心，这个舜是"无为而治"；下面又说："夫何为哉？"他做了什么呢？"恭己正南面而已矣。"可见，儒家讲的"无为而治"不是什么都不做，而是要恭己，恭己就是敬德，不是让你到处干涉老百姓。那种正民的思维才是干涉老百姓，孔子是要你从正民转到正己，在不扰民的情况下发挥表率的积极作用。这就是儒家所理解的无为。另外，孟子也讲，"无为其所不为，无欲其所不欲"，这个显然是对道家的一种回应。"无为"是不要做那些你不应该做的事，而不是什么都不做。这就是儒家对无为的理解，一方面是恭己正己，修己敬德，做道德的表率，另一方面，不应该有的欲望去掉，不应该做的事情不做，如此而已。这是一个对比。

再一个对比，儒家对于君主的说法，很多人有一种庸俗的理解，认为儒家就是讲君君臣臣父父子子，就是崇拜君主的思想，这个是不对的，要做历史分析。君君臣臣父父子子，其实是孔子面对当时一个诸侯国国君的提问所做的回答，实际上里面包含了对这个国君的批评，就是在那个时代，君不君，臣不臣，父不父，子不子，整个政治秩序和伦理关系都受到破坏，跟他相答问的这个君主本身就是非法打破既有的政治、伦理关系当上君主的，所以孔子在这里包含了一种讽刺。在《论语》里也谈到一些跟君主关系的言论。例如，定公问他有没有"一言丧邦"的情况，孔子讲"言不可以若是其几也"，"几"是简单的意思，说话不能那么简单，要看什么情况。比如说有一个君主，他说我并不觉得当君主有什么快乐的，"唯其言而莫予违也"，就是我说话谁都不敢违背我的意愿，这个我觉得好。孔子就说："如其善而莫之违也，不亦善乎？如不善而莫之违也，不几乎一言而丧邦乎？"你说的话是个好话，对国家有利的话，别人不敢反对这个当然可以。如果你说的话对国家不利，臣子都不敢反对，这不就是"一言丧邦"吗？孔子借着"一言丧邦"批评了这种君主的心态。我就用这两个例子来呼应道家的治国理念和他们对儒家的批评。

儒家的人生观

在中国历史上，儒家对理解中国的政治制度、政治实践、政治文化起了很重要的作用。同时，也为中国社会和中国人提供了基本的价值观，而价值观很多都体现在人生的态度、人生的理想上。我们举几个例子。

第一，人生态度。我们有几句话，叫刚健有为，宽容和谐，中庸之道。刚健有为，这是跟其他思想相比较而言的，比如说老子，他不讲刚健，而讲柔弱，是另类思维，也有意义。但是儒家讲的人生态度确实是刚健有为。例如，《周易》里有两句话就是"天行健，君子以自强不息。地势坤，君子以厚德载物"。天的运行是很刚健的，君子要仿照它，要刚健有为、自强不息；地势坤就是地的厚重，厚德载物，就是要宽容和谐。这都是儒家所讲的人生态度。当然儒家也讲中庸之道，中庸之道就是不偏不倚，不走极端，这是儒家所讲的人生态度和思维的另一个特点。有些思想很深刻，我们叫片面的深刻，而儒家的思想是在平淡中深刻，平淡中持久。我想片面的深刻其实是比较容易做的，而要在平淡中讲出深刻则需要有更高的水平。儒家讲的这种中庸思想在文献里也有体现，例如，"中也者，天下之大本，和也者，天下之达道也"。本就是根本，达就是最广、最普遍化的，达道就是普遍的原则。中、和，是儒家人生观很重要的概念。中庸就是不走极端，不追求片面，要在平实、正大、宽容中体现自己的人生，这是儒家的人生观。这个人生观，我想它能够成为主流的人生观，也就是我们可以期待全社会的人都这样做的人生观，另类的人生观我们不能期待全社会的人都这么做，这就是普遍化的程度不同。

　　第二，道德理想。我们也有几句话，公私义利，志士仁人，君子理想。第一句话，公私义利。儒家认为，道德最重要的就是怎么处理公和私、义和利的关系问题。义代表道义的原则，利是利益的整体。公是更大的集体利益，也是公务员的义务，私是我们个体的，小家庭的利益。宋朝人讲什么是公私？公私就是义利；什么是义利？义利就是公私。我想公私这个问题不是每个人都会碰到的义利问题，它更多的是国家公务员和领导者会碰到的问题。古人为什么讲公私讲得很重，把公私之辩看得很重，因为它的对象是士大夫。什么是士大夫？"士"就是有知识分子的一面，"大夫"是说有官职的，有管理责任的，这样的人最容易碰到公私的问题。我们看古代的官德，基本上就是"以公灭私"，这句话在《尚书》里面就出现了。公私义利在古代主要是对士大夫讲的，不是对人民讲的，不是说人民不要有私，不要有利。孔子也讲，"尧舜不能去民之欲利"，就是尧舜当圣王也不能让老百姓没有私心，没有利益。这是很深刻的，以往我们在一大二公的时代，把自留地都取消了，就是不让人民有欲利，但是实践的结果，这个路是走不通的。正确的方法是"因民之所利而利之"。"因"是顺随，人民有这种利益的要求，你要根据这种利益的要求让他能够得到利。所以，儒家讲公私义利之辩就说儒家反对私利是不准确的。

第二句话，志士仁人，这个标准比较高，孔子讲，"志士仁人，无求生以害仁，有杀身以成仁。"这个仁代表道德理想。这是道德领域的一种普遍规则和要求，就是我们要能够在面对重大道德选择的时候敢于把自己的生命奉献出来完成道德理想。这是儒家的精神，是正面的精神。在道德理想方面，儒家非常讲究自由独立的人格，它不是像我们有人讲的，只是让人君君臣臣当个顺民顺臣。孔子讲，你当臣子，你对你的上级、你的君主只是以顺从他作为根本的原则，这叫妾妇之道，不是大丈夫之道。什么是大丈夫之道？就是孟子说的"居天下之广居，立天下之正位，行天下之大道。得志，与民由之；不得志，独行其道。富贵不能淫，贫贱不能移，威武不能屈，此之谓大丈夫"。大丈夫之道跟妾妇之道是不一样的，把妾妇之道当作为臣之道是孔子、孟子反对的，作为一个臣子一定要保持大丈夫的人格。

第三句，君子理想，是讲普世价值。最普遍的价值是什么呢？我想就是仁的价值和伦理。仁的伦理在《论语》里面往往被表达为忠恕之道。《论语》里是这样说的，孔子有一天对曾子讲，"吾道一以贯之"，就是说我们有这么多思想，但是有一个贯穿其中的根本原则，曾子说我知道了，孔子就出去了，但是其他的门人不知道，曾子解释说："夫子之道，忠恕而已矣。"这一贯之道就是忠恕。后来，子贡问，有没有一句话我可以终身奉行实践的？孔子说："其恕乎！己所不欲，勿施于人。"又有一次，子贡说，有这样的人，博施于民而能济众，把好处都广泛地施加给民众，这个叫仁吧？孔子说，这个不只是仁，他已经快接近圣了，尧舜恐怕也不能做得这么好。然后说，仁是什么呢？仁就是"己欲立而立人，己欲达而达人"。这三句话体现了我们所说的忠恕之道，仁的普遍原理。具体讲，恕就是"己所不欲，勿施于人"，忠就是"己欲立而立人，己欲达而达人"。在伦理学上，特别是恕道"己所不欲，勿施于人"叫作伦理学银律。金律是"己所欲而施于人"。这个观点近20年来有很大的转变。上世纪80年代末，有一个天主教神学家提出一个看法，他说20世纪以来的热点事件，最重要的还是战争与和平的问题，而所有战争的热点背后都有宗教问题。因此他提了一个口号，说没有宗教的和平就没有世界的和平。宗教之间怎么能够达到和平？就是我刚才讲的宗教学的思路，从经典入手，先看看不同宗教的经典里面有什么东西是我们大家最基本的共识。这个最基本的共识也就是普世的价值，我们能不能找到这个共识，从这个地方开始，来扩大宗教的和平合作，达到世界的和平？因此，他就跟美国一位伦理学家合作，想召开一次世界宗教大会。历史上，1895年在芝加哥召开了世界第一届宗教大会，100年以后，1994年在美国召开了新一届世界宗教大会，100多个宗教组织把他们的宗教经典都拿出来，结果找到了共识，并且通过了一个世界宗教伦理宣言。这个共识就是"己所不欲，勿施于人"，成为了世界宗教的金律，或者叫世界普遍伦理的金律。

　　"己所不欲，勿施于人"好像有一点被动的意思，但是今天我们从新的角度看，文化间的关系，国家间的关系，民族间的关系，那种强加于人的态度是非常危险的。能够己所不欲，勿施于人，在宽容中求和谐，这是最可取的。把所有记载这一原理的宗教经典排开，排在第一位的是伊朗的拜火教，拜火教在公元前800年有一个表述，但这个表述比较含糊，最清楚的表述就是排在第二位的《论语》，"己所不欲，勿施于人"。所以这位西方天主教神学家就开始大胆地用"仁"字，讲仁学，而这个"仁"是跟人关系密切的一种仁学，这代表了近代思想里很重要的一个转变。这就是儒家思想对现代思想的一种重要影响。当然，除了"己所不欲，勿施于人"之外，"己欲立而立人，己欲达而达人"也有重要意义，我们今天碰到东西部发展巨大差距的问题，就从发达地区的角度提倡己欲立而立人，己欲达而达人。这个表述，我们叫作"忠"，但是它同样属于"仁"，所以"仁"是忠恕之道，不仅对孔子来讲是一个一以贯之的根本原则，而且也应该是最有能力普遍化的普世法则。

第四，儒家的实践取向，即知行合一。在明代哲学家王阳明的思想领域里得到最完整的表述，我们也引了他的一段话。他说现在的人把知和行分成两件事做，以为先知后行才是对的，我先去求知，等知求好了，然后再去行。他说这个不行，实际的结果是终身不行，终身不知，因为知是永远求不尽的，所以实践就永远不能实现。他是批评朱熹的，朱熹讲先知后行，知先行后。他针对明朝的情况说朱熹的这种思想有不好的结果，所以他要把行放在前面，知行合一，王阳明说我今天说知行合一是要对症下药，社会有这种病，不是我杜撰。知行合一正是中国儒家实践里面一个很重要的传统。

第五，儒家的终极关怀。第一点，就是天人合一。自然与人的和谐，宇宙、万物和人类有共通的本质、共通的法则，都是天人合一的内容。古代不仅是儒家，包括道家也是这样认为，大的宇宙跟人类小的宇宙的原则始终是相通的。因此，天和人不是分裂的而是统一的。我们不像西方人那样认为天和人有一种超越的割裂，天代表超越人生和这个世界的创世者，它跟被创造的世界完全不一样。我们所理解的天跟人始终是贯通一体的。第二点，万物一体。到了宋代、明代的时候，这种观念越来越强烈了。如北宋哲学家程颢讲的，这不是一个存在论的表达，不是说宇宙是这么结构的，天和人是同构的，这是从一个境界上来讲，就是每一个人都应该把万物看成和你是一体的。比如说，别人掐你的手指时你感到痛，你知道手指是你身体的一部分，但是另外一个人受苦受难，你没有感受到他的疼痛，就是麻木的。只有你看到他的痛苦，并且能够感同身受，这才叫作万物一体。这已经不是存在论、宇宙论的概念，而是一种非常高的人生境界。第三点，叫"保合太和"。这是《易经》里面的话。保合太和就是最广泛的、最永久的和谐。儒家有这样的终极关怀是有针对性的。我们曾经有一段最崇尚斗争的时代，我们把实然的、实存的矛盾看成是合理的，主张我们应当通过斗争去解决、去发展。那样一种行为模式曾经造成了很多惨痛的事件，它跟儒家的价值理想、终极关怀是相反的。在崇尚斗争的概念里面，和谐没有它的地位。今天我们讲要建立和谐社会，这是符合儒家思想传统的，而儒家思想不仅是一个社会的和谐，它是小到人的身心和谐，大到家庭、社区、国家的和谐，更大变成整个宇宙的一个永久的广大的和谐，这才是儒家的理想。所以，宋代有一个哲学家张载说过一句话，很合乎辩证法，他说"对必反其为，有反斯有仇"，就是毛泽东讲的矛盾就是对子，对子就是相反相仇，但是张载后面又有一句话，代表了儒家的理想，说"仇必和而解"，相对立的双方终究要和解。这就是儒家的保合太和的人生理想。

儒学与当代中国

我们刚才讲了儒学的人生观、治国观，也用了很多经典上的话给大家证明。我想回到现代社会，我们不用这种引经据典的方法，而用一些现代的观察，从现代的角度来看儒学价值观的特点。我想用对比的方式，用现代的一些表达来强化我们对儒学的价值与当代社会的关系的认识。

第一句话：道德比法律更重要。刚才我们引证过一些话，归结到今天的说法就是道德比法律更重要，不是说不要法律，而是说道德更重要。

第二句话：社群比个人更重要。个人只是个个体，社群小一点来讲是家庭、家族、宗族、社区，更大的则是国家、民族。

第三句话：精神比物质更重要。儒家不是一个折中主义者，它要突出一些重点。物质也不是不要，特别是老百姓，要因民之所利而利之，但是精神更重要，对士大夫尤其是如此。

第四句话：责任比权利更重要。这个责任可以是对家庭的责任，对团体的责任，对社会、对民族的责任。这个权利，今天在西方政治学的领域里更多的是指个人的权利，儒家不是不讲权利，但是它更突出责任的重要性。为什么我们叫价值观的特点，特点就是优先性，不是说儒家不要法律，不要物质，不要权利，而是要有优先性，一个价值观体系的特点就是表现在优先性的安排上。

第五句话：民生比民主更重要。老百姓要有温饱生活，其他东西才能去谈。民主的发展是按阶段走的，不能把民主看成是绝对的、在社会发展的任何阶段都是首要的价值，而民生才是更基本的价值。

第六句话：秩序比自由更重要。这个不同的学派有不同的看法。庄子可能觉得自由比秩序更重要，法家只要秩序不要自由。儒家应该说更强调秩序，但不是不要自由。

第七句话：今生比来世更有价值。儒家是积极的现实主义者，重视今生，而佛教说到底是摆脱轮回，把来生看得比今世重要。

第八句话：和谐比斗争有价值。对必反其仇，可是"仇必和而解"，这才是儒家的方向。

第九句话：文明比贫穷有价值。用这两个词作对比不一定准确，道家不推崇文明，它推崇原始状态，儒家始终对文明有高度的肯定，早期的礼就是一个文明的标志，儒家是最保守、发展和传承这个礼的。它的文明意识非常突出。

最后，家庭比阶级有价值。这是儒家的一种思想，我们从前所理解的一种马克思主义是认为只有阶级斗争才是有价值的，今天时代已经变化了。儒家思想提供给我们一个新的思考，家庭是不是一个有根本价值的东西？古往今来总有一些消灭家庭的想法，像柏拉图，还有一些共产主义者认为共产主义社会没有家庭，但今天回到我们中国人的现实生活，家庭确实是一个非常有价值的东西，儒家对这一点给予了高度的肯定。

我们今天谈中国的问题，用以上十点将儒家思想跟其他一些思想做了区分和对比，比如说与个人主义、自由主义、自由民主主义的对比，都是有针对性的，都跟现代社会相关，这样我们可以整体地了解儒家价值观的特点。当然这还是粗略的，每一条你也可以叫作本位，可以说儒家是道德本位主义、社群本位主义、责任本位主义、民生本位主义，而儒家不仅仅是一种主义，它是由这么多的主义体现的价值观所构成的整体。

回过头来看整个当代中国的变化过程和儒学在其中的角色，我们可以做一个简单的历史回顾，分为几个阶段：1949 年到 1965 年是第一阶段，叫政治建构阶段，共和国成立；第二个阶段，"文化革命"，1966年到 1976 年，十年浩劫；第三阶段是经济改革，我们的改革是多方面的，但突出的主导是经济体制改革，这在十四大以后更明确；第四个阶段叫协调发展，这是新世纪以来开始的新阶段。

第一阶段，政治建构阶段，它本质上是政治革命的继续，是国内革命战争的继续。革命时代，在文化上是反对儒家的，要以革命的意识形态来批判各种非革命的日常生活文化。儒家是平淡无奇的、日常生活的文化，是日用常行的道德伦理和生活规则，因此 1949 年以后的一段时间，它受到革命文化的批判。毛泽东讲得很清楚，革命不是绘画、绣花，不能那样温良恭俭让。虽然儒家思想的确不是政治革命的意识形态，但要补充说一句，儒家是允许革命、肯定革命的，特别是中国的儒家。中国的儒家承认革命，但是革命不是常态，非要革命不可的时候才肯定革命。日本的儒学是反对革命的，他们有一个假设，说如果孔孟带着革命到日本来，我们要把他打回去。他们不能理解儒家的革命思想，日本人怎么能推翻天皇呢？但在中国，改朝换代的革命很多，中国的儒家在原则上不是不肯定革命，而是不把革命看作常态，它始终认为常态是日常生活。

第二阶段，1966年到1976年，叫继续革命，是无产阶级专政下的继续革命。继续革命在文化上"批孔"，认为法家是革新的，儒家是保守的，要用斗争的意识形态来批判守成的文化理念，因此要批判儒家。毛泽东讲，安定团结不是不要阶级斗争，阶级斗争是纲，其余都是目。西方学者在这里把"保守"翻译成"守成"，就是说文化的传承本身就是一个保守的过程。儒家不是一个崇尚斗争的文化，而是一个崇尚安定团结的文化，因此它受到批判。

第三阶段，十一届三中全会后我们发起经济体制改革，取得了经济的高速发展，但也存在问题。在整个邓小平时代，因为最关注的是经济体制改革，要摸着石头过河，所以他的论述里很少谈文化。我想这跟这个时代的使命有关系，这个时代突出的特点就是体制改革，因此，比较忽略文化，特别是传统文化，当然包括儒学。从儒学跟这个时代的关系来讲，儒学不是给经济改革提供精神动员，因为它是道德秩序的维护者，它的角色在另外的地方。但是这个时期在知识分子中间有人开始注意提儒家了，因为道德秩序的变化使得大家不断关注儒学的角色。

第四阶段，叫协调发展，这可以说是文化秩序的重建阶段，我们开始更加重视那种安定团结、治国安邦的思想，而且中华民族的伟大复兴和中国文化的伟大复兴这样的口号也越来越被大家所接受。我没有做过文献调查，但是中华民族的伟大复兴、中国文化的伟大复兴出现在我们的历史文件中应该是1995年到2000年之间，还是相当早的。民族的复兴、民族文化的复兴必然带来中国文化包括儒学的复兴。最近七八年来，我们已经看到特别是在民间兴起的老百姓和企业家对传统文化和儒学的那种高度广泛的热情。所以说在这个协调发展和文化重建的阶段，儒学开始复兴了。我们看一百多年来儒学发展的历史，它经受住了现代化和西方文化的冲击，经过了一系列的转化之后，在现代中国焕发了生机，迎来了新的发展前景。

我想今天儒学的复兴有两个重要的原因，一个是现代化经济发展的成功所带来的全民族文化自信的增强。这从1993年、1994年就开始了，十几年来我们那种由于现代化不成功，向祖先表达愤懑的1980年代的情感有了很大的改变，这体现了整个民族文化信心的一种恢复，这要归功于体制的改革。所以我把它叫作现代化的初步成功和民族文化的恢复。我前年有一个讲法，说2008年的北京奥运是中国现代化初步达成的标志，现代化有初级阶段、中级阶段和高级阶段，虽然我们现在仍然是发展中国家，但是这个现代化的初步成功确实是国民文化心理得以改变的重要原因。第二，就是我们国家政治文化的变化，特别是以执政党为核心的政治文化的变化。我刚才讲，以前是不太关注文化的时代，但是近年来就开始有变化了。比如说"以德治国"就是儒家式的口号，"与时俱进"也是儒家宇宙观的发展，"以人为本"、"以和为贵"、"执政为民"都是儒家的看法，现在这些都是我们公开的提法。我们的好几位领导人在海外演讲的时候，都是从自强不息、以人为本、和为贵这些概念作为一个核心来宣示中国政策的基础。这就是从中华文明来宣示中国政策的中国性，来阐明我们中国政策的文化意义，呈现我们中国的未来。我想，我们执政党最近十多年来开始重新吸取儒家的治国理念和价值观念，来应对我们碰到的各种问题，这并不是说领导人喜欢儒家思想，而是他们负责任地面对我们的文化资源，面对我们的问题。这种变化，用学术话语讲，我把它叫作执政党执政文化的再中国化。再中国化，不是说我们以前的东西不是应对中国问题，没有中国性，而是说我们现在更自觉地运用中国传统文化的资源，更自觉地站在传承中华文明的角度来全面增强我们的合法性。我觉得这就是我们现在儒学复兴的两个重要根源。

郭沫若于1926年写了一篇文章叫《马克思进文庙》，因为我们很多人都是中央国家机关的负责同志，所以我就讲这个故事。我们现在面临着什么问题呢？就是马克思与中国化的问题。中国化跟马克思主义、跟儒家思想传统是什么样的关系？怎样处理这个关系？按左的思想就是马克思跟中国传统文化没关系，势不两立，我想现在很少有人这样看。郭沫若在他的文章里编了个故事，说这天孔子带着他的三个弟子正在上海的文庙里享用祭祀，外面大门推开，四个大汉抬着轿子进来了，也没有通报，子路很不高兴说什么人进来了，孔子说来者都是客，要有礼貌。轿子停下，下来一个人，满脸胡子，说是卡尔·马克思。孔子很好学，谁有专门的知识，他都向人家学习，他也向老子学习过礼。孔子听说马克思名气很大，就请他到台上问，你到敝庙有什么见教？马克思说，我来领教了，我听说我的思想在中国流传很广，可是有人说我的思想跟你的思想是对立的，我今天想了解了解我的思想跟你的思想有什么对立？我的思想在你的国家能不能推行开来？孔子说，我还没怎么读过你的书，是不是你先说说你的思想？马克思说，我有几个基本的思想，首先我跟西方历史上的宗教家不一样，我有一个强烈的现实世界的关怀，我就是要改造这个世界，变成一个幸福的、美好的世界。孔子说，我就是这个思想，我不是走出世主义的道路，我也是现实感很强，这个是相合的。马克思又讲了社会主义的理想，孔子说我的《礼运大同篇》也是这样讲的。他们又谈论了对财富的看法，马克思说想不到在中国这么远的地方两千多年前有我的这么个老同志，两个人谈得很开心，后来孔子把他送走了。这是郭老写的一个小小说式的杂文。

郭老是第一代马克思主义史学家，他对马克思主义和中国文化的态度值得我们深思。那个时候，他已经看到中国的儒家文化传统跟马克思主义的文化可以融合，不是对立的，所以他在"文化革命"中受到毛泽东的批评，毛泽东说，"十批"不是好文章，因为《十批判书》是讲孔子的。我们从那个时代过来，我觉得怎么样处理这个关系，仍然是我们时代的课题，但是，我想我们的前辈史学家、文学家已经做了很多很有意义的工作，我们今天应该重新学习他们的一些有代表性的、有价值的思考，来充实我们当代关于马克思主义与儒家关系的思考。

现代儒学与普世价值*

《何谓普世？谁之价值？》这本书两周以前我详细地看过一遍，以下谈一谈我自己的看法。这本书的立意还是很好的，这本书我看了以后有几个印象：

第一，就是非常突出中国文化的主体性，虽然这本书是突出儒家和儒家的价值这么一个主题，但是我觉得这本书其实不仅仅谈儒学、儒家价值，整体来讲应该包含着对中国文化主体性的突出。

第二，其实书中讨论的观点并不是与大家的发言都一样，书里面的讨论，不是只有一种声音，是多种声音复合起来的乐曲，有不同的倾向。但是总体来讲，虽然说其中观点多有不同，但是这本书里面也明显可以看到一种很强烈的文化自觉的意识，文化自觉最早是1990年代提出的，这个自觉在本书也很突出。

第三，我想除了对中国文化主体性、文化自觉的一种突显，我认为本书的讨论其实也是对当今这个时代主题的一种呼应和追求，不管是自觉的还是不自觉的。去年韩国学术协会邀请我演讲，他们开始给我一封信请我讲"天下"的问题，我谢绝了，我说我不是专门研究天下问题的专家，你可以找一个专门讨论这个问题的学者。协会的会长金光亿教授是韩国一位有名的人类学家，毕业于哈佛大学，他回信说，可

* 2013年4月，华东师范大学出版社、复旦大学思想史研究中心主办《何谓普世？谁之价值？——当代儒家论普世价值》（曾亦、郭晓东编著，华东师范大学出版社，2013年）新书讨论会。本文即作者在讨论会上的发言记录整理稿。——编者注

能没有说清楚，只是举个例子，真正想请我谈的是中华文明的哲学背景和基础。而这个关心不是历史性的关心，他们真正关心的是怎么从中华文明里面可以延伸出这个时代和这个世界所需要的一种现代西方文明的价值观和世界观之外的另一个替代性方案。这样我就接受了，接受了以后我去做了两个演讲，一个讲中华文明的宇宙观，另一个讲中华文明的价值观和世界观。因为这个问题是要讲中华文明的哲学背景，所以一定要从宇宙观讲起，但是这个宇宙观的讲法一定要指向中华文明的价值，而这个价值是要回应当前时代的要求。所以我说这本书里面有很多同仁关心和提出的问题，不管自觉或者不自觉，可以说包含了对时代主题的一种追求。虽然韩国的很多学者受美国影响很大，但是也反映了外部世界对中国文化复兴的一种关切，特别是从人类学出发的学者比较关心这个问题，因为人类学比较容易导向于相对主义，它会反抗那种绝对必然化的文化普世化。

最后，第四个特点我觉得锋芒非常锐利，我想一方面当然也可以说，像他们自己讲的，可能体现了某种青年学者的特点，体现了某种青年学者的一种状态，但是我认为也不能都这么说。因为我觉得这里面确实包含、反映了中国人对西方的一种感受，包含了对百年以来一直到今天中国与外部西方世界这种复杂的不平等感，一种真实的感受。所以我觉得这个应该也是一个事实。这几点是我看这本书的一个感觉。

就问题来讲，这个题目，十几年前关于世界伦理讨论的时候我在《读书》写的一篇文章也用过类似这样的题目，即"谁之责任？何种伦理？"①我以为，本书这个问题的讨论特别针对两个主要的现象：第一是目前流行把西方的，特别是西方近代以来的政治制度价值化身为全

---

① 陈来：《谁之责任？何种伦理？》，见《读书》1998年第10期。——编者注

世界的普世价值,其实这对西方来讲也是不公平的,今天世界的倾向就是把西方的制度价值化身为在最高程度上的普遍性价值,这是一个针对的情况。第二是一元的普遍性观念,这是西方自基督教文化流行以来一个根深蒂固的想法,就不能容纳一种多元的看法,这两点是我们主要面对的情况。

　　刚刚是开场白,现在回过头来讲我的几个看法。第一,我想谈的,不是对这本书的批评,而是我自己的看法。今天我们谈这个文化问题应该关注十七届六中全会对民族文化的表述,并以此为基础,借这个东风,扩大我们对中国传统文化的认识和研究。2007年,我跟在座的童世骏教授一起参加"中国文化论坛"的年会,那一年的年会我担任主席,讨论"孔子与当代中国"。我的主题报告里面特别谈到,在谈中国当代文化的时候要关注执政党政治文化的"再中国化",因为我们明显看到1990年代末期以来到新世纪,中共的政治文化里面,民族传统文化的内容越来越多地出现,这个变化我把它叫作"再中国化"。"再中国化"的意思是说更自觉地利用中国传统文化的资源作为正能量,我觉得这个转变很重要。因为在中国来讲,执政党的政治文化应该说对我们各个层面的社会文化具有非常大的作用和影响,所以在这个空间里面我们要推动文化活动,就必须关心关注它,而且确实我觉得十七届六中全会关于文化的报告是非常好的,可能有的时候学者自己都没有写得那么全面。我想在今天的中国环境里面讨论这个文化问题必须跟中国特色的社会主义理论,包括中国特色社会主义理论的实践相结合。就是怎么样让它的理论到实践,越来越多地容纳我们刚刚所讲的中国文化的那种精神价值,我们学者也应该参与这个方面去推动政治文化的再中国化,充分肯定这个政治文化的变化、一起推动文化发展。我讲的意思是,今天我们在中国推动儒家文化的复兴,这个问题是我们不能忽视的关注点。

　　第二，就是要更全面地总结上个世纪儒家学者的文化观念和文化实践。在这本书里面提到一些前辈的新儒家学者，认为"五四"以后出现的以保守主义自居的新儒家对儒家价值的肯定不过是要从中引出西方价值。我觉得情况可能不是这样，至少不完全是这样的。比如，昨天我们刚从马一浮会议那边过来，马一浮是一个保守主义者，他跟其他保守主义者不一样，他是普遍主义者，不是特殊主义者。他所理解的六艺之学，不是我们今天讲的把六艺之学只作为一种民族文化来看待的。他认为六艺是真正世界性的东西，世界的文化都应该纳入这个体系里面来衡量，它是一个普世性的体系。所以，他的观念里面六艺传统是可以把西方文化并进来，并到更合理的框架里面，作为一个普世的框架。所以保守的态度当然是有，但是它这个普遍主义态度不是仅仅对西方的肯定，反而要把西方的学术纳入中国学术系统里来，认为西方的还不够普遍，我们的更普遍。另外，我们知道梁漱溟的例子。这个很明显，"五四"以后最有代表性的当然就是梁漱溟的《东西文化及其哲学》，梁漱溟的想法是，在我们今天遇到第一步的任务，是全盘承受西方文化，这是非常现实主义的，不得不全盘承受它。可是接下来呢，未来是中国文化的复兴，再未来是印度文化的复兴。这种讲法不是说今天我们对儒家的肯定仅仅要引出西方价值，恰恰对西方文化的理解是，认为西方只能走到今天这一步就为止了，再往前走必然是儒家价值的体现。所以儒家价值对于他来讲更有前瞻性，更有世界性，只不过在当下的空间里面这个任务还不能提出。所以我觉得，像这些提法反映出我们必须要更全面地总结上一辈，特别是上个世纪儒家学者的文化观和实践。

　　第三，我想对百年来的文化讨论还要有一个同情的理解，关于上个世纪的文化，包括上个世纪新儒家文化这个问题，这本书里面论东西方文化，比较偏重在"东西"上，完全忽略了"古今"的面向。我觉得上个世纪的文化讨论应该是"东西—古今"的辩论,因此你说新儒家只是要把它引入西方价值,但是你忽略了其中很重要的古今的维度。最重要就是冯友兰先生在1930年讲,所谓东西的问题不过就是古今的问题,古今的问题就是走向现代化的问题。对上一代学者来讲,他们不是单纯讨论价值,不仅仅是关注文化上的对比。如果你讲民族文化的立场,这些学者为什么要接受西方文化?最重要就是要促进民族国家的近代化和现代化,离开这点,你讲他好像只是抽象地做一个文化的转变,就不能反映他真正的历史动机,也和你们自己所具有的那个强调民族国家的立场不能相合。所以那一辈学者,尤其是第一代思想家更关心民族国家的发展现代化。接受科学、民主也是为了现代化,不现代化怎么救国救亡?吸收西方近代文化搞现代化就是救国救亡最根本的手段。所以我想讨论这个问题的时候不是仅仅关注东西的问题,一定要看到古今的意义,古今的问题就是认为中华民族的国家作为民族国家的现代化是最重要的。可以说,20世纪中国的整个主题就在这里,他们是深深了解这个主题的,所以要把早期"五四"时代的东西文明问题转换为古今的问题。当然,古今不是唯一的理路,不能把东方文化完全看成是传统文化,把西方近代文化看成现代的普世价值,就价值来说,东西方两种文化都含有普世价值,不能把二者概括为古今的问题。

我想上一辈的学者们对西方文化要全盘承受,甚至可能有一些更多的肯定(代表性的当然就是科学民主),这个肯定,一方面包括对中华民族现代化的焦虑,另一方面确实也包含了他们对世界意义上的现代性价值的一种肯定,比如说自由也好,民主也好,人权也好,他们是把它看成具有世界意义的普遍性价值来肯定的。在这个方面,要更全面地总结现代儒家。另外我想,因为中国的社会形态是不断变化的,儒家的概念和内涵以及它的主张是与时俱进的,所以从传统到现代社会生活的新儒家，对民主自由的肯定是儒家与时俱进的应有之意。当然这种对民主自由的肯定，也不是儒家在最高层次上面的肯定，这个我们也要看清楚。而且，与时俱进中还涉及不仅对自由民主的肯定，它也包括对社会主义的肯定，像梁漱溟，他一生中应该说对社会主义是肯定的，梁漱溟为什么说现在全盘承受西方文化，下一步是一个儒家问题？他说未来世界是需要儒家文化，他讲的那个未来世界的儒家文化，就是儒家社会主义，跟社会主义是密切联系在一起的。包括熊十力在新中国成立以后对社会主义的肯定，是因为社会主义的价值跟儒家的价值有内在的亲和性的东西在里面，所以这个与时俱进也不是违背传统的价值，这个与时俱进是连续的，根于本有而继续根据时代的变化来发展。

第四，书中有个提法说儒家能否从自身提出一种不同于自由民主的新普世价值，在缘起部分讲到，这大概是书里面最重要的一个问题。这个问题听起来有点怪，儒家自身当然能够提出一种不同于自由民主的价值，因为在它两千多年的发展中本来就形成了一套价值体系，这个价值体系就是不同于自由民主的。但是本书这个提法似乎不是指过去，是说"新"的普世价值，就是要针对今天这个时代提出一种从内容到表达形式上都是一种新的普世价值。这个问题，我觉得比较发人深思。我们一般讲社会主义核心价值的设定、表达，要考虑传统文化的基础，这里还是把传统文化的、儒家的价值作为过去式。所以谈到儒家价值一般是指儒家古代所发展起来的一套不同于现代，包括不同于民主自由的那些价值，而不太重视今天的儒家怎么表达新的普世价值。后来，我想其实从抗战以来也还有不少新的提法，如新五德、新六德，都是儒家思想里面总结出来的新的价值观。当代学者至少我知道牟钟鉴、吴光等都有好多"新几德"的这种想法，提出仁义、中和、公诚等。新的普世价值的提法以前没有怎么见到，但是现在仔细一想确实有这个东西。这里我想提出的例子，是比较有世界意义的，就是新加坡所谓亚洲价值那个提法。有没有一个从儒家的自身里面提出的不同于自由民主的新普世价值，我认为是有的，目前在世界上最有影响的就是新加坡提出的"亚洲价值"。亚洲价值包括五大价值：第一个，社会国家比个人重要；第二，国之本在家；第三，国家要尊重个人；第四，和谐比冲突更有利于维持秩序；第五，宗教间应该互补与和平共处。我想如果我看这个"新普世价值"的题目，就很自然会想到新加坡的例子。这五项原则包含的不仅是传统的东亚价值，也有百年来吸收西方文明所发生的新价值，如国家要尊重个人。其实，亚洲价值并不是说它的价值体系里面所有要素只有亚洲性。亚洲价值跟现在西方价值的不同，并不是这个体系里面所有价值要素都不一样。所谓亚洲价值不是追求元素上的文明差异，而是价值的结构和序列、重心有不同；元素有不同，但是也有相同的，但是总体来讲价值序列的重心不同。因此，新加坡的这套亚洲价值观是一套价值观体系，总体来讲就是一套非个人主义优先的价值观，是新加坡版的亚洲现代性的价值观，我认为也是新加坡版的现代儒家文明的价值观，它的核心不是个人的自由权利优先，优先的是族群和社会的利益；不是关联各方的冲突优先，而是关联各方的和谐优先。这种比较接近社群主义优先的价值态度，我们说它不能够用来压制人权，而需要靠扩大民主和尊重个人的价值来实现人权的保护，但是它与西方价值确实不同，它的总体的价值态度是要求个人具有对他人、对社群的义务、责任性。当然，这个亚洲价值也有不足的地方，不足的地方就是它的层次在中间的层次，还是着眼于在社会价值的层面，在比较高的层次上的价值没有怎么表现出来。这是我对关于新普世价值问题的看法。

　　第五个是关于自由民主的问题，就不细说了，自由民主在这本书里面表述是说它总是跟西方国家的利益诉求结合在一起，这是我们从它的外交政策来看的。但是从整个世界史可以看出，对自由民主的呼吁和价值的形成，是在西方近代一个长期社会冲突里面，特别是解决其内部冲突发展中提出的，提出这个并不是为了外部骗人的，是在解决内部问题、内部斗争中不断显现出来的。

最后讲一下我自己对普世价值的看法。我在韩国用了四个比较押韵的英文词讲儒家的价值，这就是：humanity，civility，community，responsibility。我讲中华民族的价值观，主要是儒学的价值观，如果看它的重点，第一关注仁爱，第二关注礼性，这个礼性不是我们平常讲的理性，是仁义礼智信的礼性。当然这个提法里面有受我在韩国演讲影响的一种因素，就是我突出这种礼性精神，部分是因为韩国是一个比较重视礼仪的国家，我讲的时候当然要跟当地的文化有所沟通。我讲的礼性就是对礼教文化的本性、精神、价值的肯定。第三关注社群利益，社群意识很重要，我认为因为中国古代文化里面虽然不使用笼统社群的概念，但是"家"、"国"、"社稷"等充满中国文化的表达都可以归纳为关注群体的、社群的、整体的利益。第四强调责任，虽然"责"和"任"作为两个词在古代就有，跟今天讲的责任不是完全一样，但是在我们所有的德行里面，中国文化、儒家文化所有的德行里面都是充满着责任意识，比如说孝是对父母的责任意识，信是对朋友的责任意识等。回国后我把这四点根据中国文化的特点调整为：责任先于自由，义务先于权利，群体高于个人，和谐高于冲突。

我最后总结要讲的，就是我采取的基本立场不是要素论的，是结构论的，不是一元论的，是多元论的。什么意思呢？我的意思是这样，因为我在2005年写了一篇文章讲全球化时代的价值问题，我提出的概念叫作"多元的普遍性"，我看到你们书里面有一种声音是完全反对多元主义的，主张儒家要独尊的，反对多元的，而我是比较主张多元的。针对一元化的普遍主义，所以我提出叫作多元的普遍性。多元的普遍性跟人类学关于全球化的提法有关系，美国社会学家罗伯森讲全球化的时候，提出所谓普遍主义的特殊化和特殊主义的普遍化，认为全球化是双重的进程，普遍主义特殊化指的是西方首先发展出来的政治经济、管理体系，和它的基本价值引入其他地方。特殊主义的普遍化是指世界其他各民族对本土价值的认同，越来越具有那种全球的影响，并且融入全球化过程里面来，这样地方性的知识就可以通过这个过程获得全球化的普遍意义，所以他称作地方全球化。我觉得这个说法是有意义的，但是这个说法对于东方文明价值的肯定性是不足的。我们认为西方的文明是比较早的将自己实现为一种普遍的东西，而东方文明在把自己实现普遍性的方面，现在还没有做到最充分的程度，而不管东方还是西方，内在的精神价值并不决定于外在实现的程度，换句话说，东西方文明的精神文明跟它的价值其实都内在的具有普遍性。我们不能说今天只有中国具有普遍性的意义，西方的价值没有任何普遍性意义。我认为从内在普遍性来讲，应该承认东西方都有其内在的普遍性，这个内在的普遍性能不能实现出来是另外一个问题，因为它需要外在的历史条件，实现出来的这是实现的普遍性。费孝通先生曾讲："各美其美，美人之美，美美与共，天下大同。"这是对"多元普遍性"文化观的生动形象的写照。

如果从精神层面，从价值层面，从东西方各个文明都有其内在的普遍性的方面来讲，我们说都是普遍主义的，东西方文明的主流价值都是普世价值。但是它们之间有差别，它们在历史里面实现的程度也不同，所以多元的普遍性一定要正视这种内在的结构差异与其实现历史的差距。因此正义、自由、权利、理性当然是普遍主义的，但是仁爱、责任、社群、内心安宁、社会和谐也是普遍主义的价值，所以我刚刚讲梁漱溟先生的例子，揭示的应该就是这个道理。这样一个立场，我以前把它叫作"承认的文化"，查尔斯·泰勒是专门讲"承认的政治"，他从一个多元主义来讲，我认为我们必须有"承认的文化"的立场，这个立场当然就是世界性的多元主义的立场，这是我自己在这个方面的一个看法。我刚刚讲的要素论和结构论差别在什么地方？在这本书里面有一个提法要从儒家体系里面提出跟西方不同的价值，我的意思就是不一定只是要求在要素上全然不同的一个体系，我觉得这里面有些要素可以是不同的，但是现代的儒家价值里面可以包容民主自由这些东西，只不过自由民主的价值在儒家价值体系里面的位阶不一定是最高的。这个跟文化的精神追求有关，也跟今天的中国实际，跟中国的历史有关。这就是我想到的内容，跟大家做个交流。

中华传统价值观的传承和发展[*]

非常荣幸，也非常高兴，受到"齐鲁大讲坛"的邀请，今天来跟大家讨论一下中国文化的有关问题。

主办人给我出了个题目，就是"中华传统价值观的传承和发展"。这个题目应该是非常重要的，所以今天就这个问题跟大家做一下交流。

一

目前，关于核心价值的提法，分为三个层次，即国家层面、社会层面和个人层面，所以我想也分三个层次来讲。

第一个问题，我想跟大家聊聊中国文化的基本价值和基本价值观在治国理政方面的体现，也就是国家层面的价值观。

关于我们中国文化中关于治国理政的主流价值理念，这个是大家很关心的，从政府到基层群众都关心。因为这涉及今天政府行为政策导向的根据。我想先跟大家聊聊这个。

怎么把握中国传统文化中主流的治国理政的理念？第一条就是以人为本。应该说，我们要说的话都跟我们山东有关系。"以人为本"这四个字见于《管子》，管子虽然不是济南人，但是离济南也不远，在

---

* 本文是作者2014年3月9日在"齐鲁大讲坛"的演讲记录整理稿。——编者注

淄博。中国讲的以人为本，应该说是有鲜明特色的，这个特色就是从西周以来，中国文化就向着一个新的方向发展。因为全世界的古代文明，它们的文化都是以神为本。中国也是文明古国，中国的早期历史在商以前也是以神为本，但是从西周开始，从周公封于鲁开始，他的思想就开始有了新的飞跃，就是从以神为本的文化开始转向以人为本的文化。当然在早期，在三千年以前，我们认为没有神，这也不可能。但是有一个特点，就是我们的社会生活，不管是政治还是道德，还是我们的其他经济生活，在所有人世间的生活中，应该说人比神更重要。在早期，以人为本的思想，不是说什么都没有，而是说人跟神比起来，人世跟神世比起来，人世更重要。所以在西周时代有一个思想，说神是依人而形成的，神依靠人才能存在。

为什么有这样的思想？在当时有一种说法，因为神是依靠人的祭祀，神才存在。因此神的存在，他有一个基本条件，就是人供给他的祭祀，没有人的祭祀，神就没法存在。所以从这样的观点，就说人世是神世的根本。所以这个思想在西周得以发展，形成了西周文化的人文主义的思想和特色。这就是我们中国人以人为本思想的最早起源。

到了春秋后期、战国时代，诸子百家应该说绝大多数都是以人为本的。只不过在强调以人为本的同时有不同的发展方向，对人世的发展、协调、整理有不同的理念，但是坚持人世优先，这是大家共同的想法。比如春秋的时候，有的思想家就提出，说"天道远，人道迩"，迩就是近的意思。天道远，我们不用太关注；人道迩，我们要把关注力放这里。孔子其实也讲了类似的话，就是"敬鬼神而远之"，不是说鬼神一定没有，但是我们要敬鬼神而远之，要把注意力放在人世上。

为什么要敬鬼神？因为它在古代是一个传统。我想从孔子的角度来讲，神灵是存在，神灵对人的作用有多大，这不是一个重要的问题，他们是要通过敬神的活动，保留人的一种敬畏感、神圣感。所以在一个古老的信仰的传承下，虽然我们今天要强调人世，但是我们要保留一份对更高存在的崇高感和神圣感的心情。我想这个心情应该是可以理解的。

所以为什么中国古人在政治管理方面积累了很多智慧？是因为他们很早就开始把主要的精力投放在人世的管理方面。这是我们讲的第一个特点，讲治国理政的主流价值。

第二就是以德为本。以德为本跟我们今天的以德治国的思想差不多。孔子的思想大家都熟知，我们刚才讲以人为本，以人为本是跟以神为本在比较中建立的，因为我们今天讲价值理念、价值观，一般应该都通过理想、通过对不同事物的取舍和比较，来表现出自己的价值偏好，选择什么更重要，这就是你的价值观。

刚才讲以人为本，这是跟以神为本相对应的，在里面体现出来。以德为本也有一个对立面，这个对立面就是在商以前，特别是商代以刑治国，强调政令、刑罚的作用，忽视道德的作用。那就不是孔子赞成的。对孔子的思想，大家都很了解，"道之以政，齐之以刑，民免而无耻。道之以德，齐之以礼，有耻且格"。所以，中国古代主流的治国理政的理念，应该说孔子的思想有很大影响。当然在先秦有一个时期，法家的一些文化，重视法律、刑法的思想，也曾经在秦代全面地实现过，但是很快这一套政策就经过汉代的反思，应该说在中国政治文化上就判了它的"死刑"，确立了主导的价值理念必须是以德治国，最后我们把这种思想叫作以德为本。

除了以人为本、以德为本，我们在治国理政方面还有一个价值观更重要，那就是第三条，以民为本，也叫民本思想。我开始讲，价值观、价值的比较，需要在一个比较的系列里，比如说孔子，他把道之以德、道之以政、法之以政、齐之以刑，跟这个做对比提出来，能看出他在价值上的选择。我想以民为本同样也是这样。因为在西周以前，其实在《尚书》中已经有"民为邦本"的思想，邦就是国。在《尚书》中，应该说有不少这样的思想。这是把思想投射到宗教上，产生了一些新的宗教观念，比如说商代的时候有地、有天的观念，最高的神就是地或者天，但是在商代晚期到周，已经慢慢有一种新的宗教思想的发展，认为天、地没有独立的意志。如果说有意志，它是以人民的意志为意志，就是"天视自我民视，天听自我民听"，就是上天没有独立的视听，要通过老百姓的眼睛、老百姓的耳朵来观察这个社会，以老百姓的意愿作为它的意愿。这就使我们看到，中国在早期的文化里面，就已经有了这样的一种观念。

到了孟子，大家都知道，孟子"民为贵、社稷次之、君为轻"，这也是在一个比较中看出价值的选择。在孟子以前虽然有民为邦本的思想，当然君王还是站在绝对的主导地位。可是在孟子所表达的政治里面，君为轻，甚至于异姓的王朝比起人民来讲也不是重要的。所以不管是君王也好，还是他的异姓王朝也好，都比不上人民重要。这样一种以民为本的思想，也反映了中国古代主流的治国理政的重要方面。

这三个都是跟儒家思想密切联系的，因为儒家思想在诸子百家里是完全中华文明的经典文化、传承经典文化作为它的积淀。所以我们今天回溯的时候，在讲中国古代文化价值观的时候，当然大多数都是来自儒家的价值观。

第四条，以合为本。这应该不仅仅是儒家，包括一些其他的思想系统，如道家也有这样的观点，所以可以说大部分中国人的古代思想，也是赞成这种观点的，叫作以合为本，合而不分。"合"是合作社的合，跟"以和为贵"区别开。以合为本的合，是注重同一性的思维方式。它最高的表现就是天人合一。所以我们今天讲价值观，讲中国人的理念，不能没有一个更高的视野。十八大报告里，特别强调生态文明的建设，这是一个重要的任务、一个方面。我们的发展不仅仅是GDP，不仅仅是一般的发展，在讲发展、在讲GDP的时候，一定要考虑生态文明的建设、维护和涵养。这一点跟中国的古老的思想资源要结合起来，因为中国人是讲天人合一的。而中国人都趋向于合，而不倾向于分。不管从政治上讲统一，统一也是合，还是讲人和自然的合也是合，所以这个合很大程度上代表一个统一的观念。人与自然的统一，天人合一；多民族融合统一，也是一样。

所以在整个中国文化中，从政治、从治国理政再往上提高一层，我们把它放到一个更广大的视野里，中国人叫天人之学、天人之际，放到这个大的概念里，这已经涉及哲学的宇宙观，就是注重合，不注重分。在今天强调生态文明建设的时候，是应该重视的思想价值资源。

中国传统文化里面主流的价值理念，主要表现在治国理政的方面。这是我讲的第一个问题。

二

中国传统文化价值观包含的内容非常多，我们今天不能面面俱到，只能举出一些主要的问题跟大家交流，比如我刚才就不是就一般的价值，而是就治国理政的理念为主，来提出一些对价值的看法。

第二个问题，如果讨论中国传统的具体的价值观念，还有好多，但我想切入到下面这个问题，就是中国传统价值观念的特色。这里我主要就社会层面的价值来谈谈中国文化价值观的特色。谈特色要比较，如果把西方文化，特别是西方近代文化、西方近代的价值观作为一个比较的对象，我们怎么来把握中国传统价值观体系，特别是社会层面的价值，它的特点是什么？最近大家一直在讲我们有中国的国情。国情是从价值体系来的，中国特色价值观的特色、特点就是中国国情。

有哪些特色、特点？我想提出几点，看看能不能站得住脚，我就不局限于刚才讲的几点理念，去尽量综合地看待在中国文化价值观的特色。

中国传统社会的基本价值观和价值体系，跟西方近代有很大的不同。刚才我们主要是就治国理政的方面来总结的，但是整体讲中国传统社会价值观念跟西方近代价值观相比，我们的特点叫作"责任先于自由"。这是我想说的第一点。中国人是这么一个价值观，很强调个人对他人、对社群，甚至对自然所负有的那一份责任。责任意识非常强。所谓责任，就是已经超越独立的个人，他的欲望、他的生存，他是在一个更大的社会范围里提出的。你不用说小的责任，孟子讲"君子"，士君子要自任以天下为重。我们今天讲以天下为己任，孟子早就讲了。汉代人更明确讲要以天下为己任，己任就是责任。在西方近代来讲，是突出满足个人、自己的要求，天下大事不是我的责任，但是中国不一样。特别是从古代先秦讲的"士君子"，到汉代的士大夫，有一个很突出的责任意识，就是对天下的责任心。家事国事天下事，事事关心，你为什么关心？因为你对它有一份责任心。汉代到宋代的士大夫，代表就是范仲淹，范仲淹提倡"先天下之忧而忧，后天下之乐而乐"。忧乐以天下为先，就是责任意识在中国历史上最典型的例子。

当然责任有很多，从个人对家族的责任，一步一步放大，最根本的，人对自然还有责任，孟子还讲要事天。从这方面来讲，中国传统价值观是责任先于个人的自由。

第二点是"义务先于权利"。近代西方社会的特点，是非常强调个人的权利。但是在我们中国的思想里，特别是儒家思想里，是强调义务。仁义礼智信，含义非常广，其中也包括了义务。上世纪有个大儒学家梁漱溟先生，他在曹州做过乡治运动的实践，他在这个实践里的体会，就是中国人和人的关系，是强调义务为先，互相承担义务，这是中国人伦理的一个特色。所以今天讲中国人的伦理，就特别强调义务感。当然这个义务感，是一个开放的序列，不是一个仅仅在家庭里的义务。家庭义务是你必须尽的，你对父母的孝、敬，这是你对家中的父母、兄弟应该尽的义务。同时这个义务，还从家庭可以放大，从家庭可以到社区，到宗族(就是古代社区)，再到郡县、国家、天下、宇宙。所以应该说，中国人的伦理观念，是特别强调义务感，而不是伸张个人的权利。

所以梁漱溟先生就说在父母和子女的关系中，父母有照顾小孩的义务，这在中国人来讲是很自然的。小孩不能对父母说，我有权利要求你照顾我，这不是中国人的思想。中国人的思想，父母就是有责任、有义务来照顾子女。这个思想，我想也是中国人的价值观的特点。

第三点是"群体高于个人"。前面我们讲中国文化以人为本，应该说，近代的西方有一个阶段，也是讲以人为本，因为古代世界三千年以前都是以神为本，公元前10世纪以后，我们中国人就开始转向以人为本了，但是公元前11世纪也是犹太教建立的时候，它还是强调以神为本，把多神教发展为一神教。后来到了基督教，就是耶稣的时代，也就是公元的时代，继续强化以神为本的思想，直到18世纪才转变过来，从以神为本转为以人为本。所以从这点来说，梁漱溟老说中国的思想早熟，就是指中国文化启蒙得早，我们早就开始从神权上解放出来。

那中国跟西方的人本主义有什么不同？西方近代的人本主义更多的是以个人为本，但是中国的以人为本，不是讲以个人为本，而是以群体为本，所以群体是高于个人的。包括我们刚才说责任先于自由，义务先于权利，群体先于个人，我想这是中国人古代价值观的特色。当然群体对个人来讲，有不同的感受，要推己及人，由近及远。应该说中国人的群体意识是非常开拓的，不是一个小团体主义，一个地区主义。我刚才讲了，中国人以天下为己任，很早就超越了小的地方局限性，成为大的天下情怀。如《论语》里讲，"四海之内皆兄弟"，《礼记》说"以天下为一家"。所以我们群体的观念很丰富。如果说家是中国人的基本观念，家庭关系是中国人的基本关系，中国人早就把家的概念、家的关系扩大、扩充了。所以在这一点上，我想这是我们讲的第三个特点，跟西方做一个对比。

第四点是"和谐高于冲突"。我们看看文化史，人类的文化里充满了冲突，充满了斗争、流血。但是相比较来讲，中国文化比起西方文化，更强调人间的和谐。所以我刚才说，把和谐的"和"跟天人合一的"合"分开讲，以和为贵。

在西方的文化里，有一种冲突意识。总是想用自己的力量，以自我为中心，克服别人、宰制他者、占有对方，有占有的意识。因此西方历史上的宗教战争非常残酷，但是在中国没有出现过这样的宗教战争。甚至我们说，两次世界大战，它的根源都在西方近代文化。日本近代也是接受了西方的那种帝国主义文化。

从价值观来讲，中国古代"和"的理念，也体现在处理和周边国家的关系中。在历史上，古代中国也有一些个别皇帝，到外面搞侵略，这个也得承认，但是总体来讲，这些皇帝的作为，是违反中国的主流价值观的，在中国主流价值观中也是受到批判的。中国是以安土为先，所以从这一点跟西方的文化相比，我们是强调和谐高于冲突的。

以上我讲了四点，其实还可以讲出几点，由于时间的关系，我就讲这四个特点，是中国的价值观跟西方近代基本价值观的区别。

三

第三个问题，主办人给我出的题目，是说讲传统价值观，是不是也讲一点它的转型发展，我觉得这也是对的。因为我们今天讲弘扬中国传统优秀文化，也包含了发展、与时俱进，甚至刨除它那些不合理的东西。比如说中国古代价值观里面，比较男性中心、男权主义，这就应该去掉。

如果就前面所讲的这些观点来看，如果说我们要发展、要调整、要改进，我也提出几点确实应该改进的地方。刚才讲中国传统价值观，有几个"先于"，责任先于自由、义务先于权利，这个"先于"我想今天还是要坚持，这就是中国人的特色，没必要跟西方人一样，什么都是个人权利为先，伸张个人的要求为先。

但是我们坚持"先于"，不要把它变成"忽视"。比如说讲责任先于自由是对的，但是自由完全没有也是不对的。义务先于权利，这是对的，但是完全忽视权利，不注重权利，也是不对的。群体应该先于个人，可是不尊重个人、不关心个人，也是不对的。所以我想中国传统文化里，讲"先于"是对的，但是在有些地方"先于"讲得不好就容易变成"忽视"。所以今天如果说传统价值观，我们要把它加以转化，加以发展，就是要坚持这些"本"、"先"，但是同时也要关注不被先于的这些东西。比如说刚才我们讲孔夫子以德治国、以德为本，以德为本应该说这个德是相对于法律的，儒家的思想始终认为道德比法律更重要。所以中国的古代价值观也是这样认识的，道德比法律更重要，"更"，体现了价值偏好。但是今天我们还是要注重法制价值。我们讲以德治国，还要讲以法治国。因为在中国，毕竟对法律是有轻视的一种倾向。我们今天依然强调道德、重视道德，但是也不能不重视法制建设。

再比如说，我刚才讲以民为本，儒家讲的以民为本，实事求是地讲，它最直接、最基本的意思，是强调以民生为本。今天我们还得坚持这个，从历史唯物主义的角度，从中国发展的现实来讲，还是要坚持以民生为先。上一届政府就已经提出以民生为先。但是我们说古代的以民为本思想，它也有一些偏向，这个偏向是什么？就是它倾向于认为民生比民主更重要。我们的思想里总是认为，民生是最基础的，民生比民主更重要。我想今天的现实也是这样。但是如果说今天加以现代性的转化，那么民主也得加强。法制建设要加强，民主建设也要加强，要扩充社会主义民主，保障大家的权利。所以今天如果把传统价值观加以发展转化，在坚持民本、强调民生的同时，也要注重改进民主，这也是一点。

我以上提了三点，第一个是讲个人权利，第二个是讲道德和法律，第三个是讲民生和民主，最后第四点：孔夫子和儒家思想强调社会和谐，是比较重视公平和平等的。有两句话大家都熟知，"不患寡而患不均，不患贫而患不安"。但是我可以说，在儒家的意识里面，在传统社会的价值观中，认为社会也好、个人也好，平等比富有重要，就是平等比财富重要，所以不患寡、不患贫，患不均、患不安。

但是经过了人民公社时代，经过了"文革"，我们已经有了经验，就是对均平的这种价值追求、这种理念，也不能变成只要社会主义的草，不要资本主义的苗，穷过度、穷平均主义，完全忽视社会发展。这跟在十一届三中全会以来，让少数人先富起来，然后大家走向共同富裕的思想还是有距离的。在现代社会，应该允许对财富和财富增长的追求，也允许一部分人先富起来，当然我们最终是要实现共同富裕。但是在讲平等的时候，已经有了经验，不能走穷的、假的平等，要正确、辩证地理解平等和财富在发展中的差距的关系。这既是个价值理念转化的问题，也是个辩证把握的哲学观念问题。

以上我讲了三个问题，一个是讲我们主流的传统价值理念，特别体现在治国理政；第二就是讲中国传统社会价值观、中国传统社会基本价值跟西方的价值观比，我们的特点是什么；第三，结合儒家的价值观和价值偏好，指出中国传统价值观的发展，需要创造性的转换。

四

除了社会价值观的问题以外，我想还有一个重要问题，就是个人层面的道德价值，这个问题也是关于中华传统美德的现代传承和转化的问题。大家刚才听了我的演讲，可能会说你讲价值观，我们齐鲁大地、孔孟之乡，我们都是讲仁义礼智的，怎么没听你讲仁义礼智？它们去哪儿了？下面我就要讲中国传统美德的现代传承和转化。

我先回顾中国传统美德的形成，主导的东西是什么，先讲这个。中国传统美德，它形成于西周春秋时代，定型在孔孟早期儒家思想。在春秋时代，已经就有很多道德观念的出现。这个时期，没有一个主德可以带领所有的道德。但是我们可以说，在春秋后期比较流行的道德，一个是"忠信"。"忠"就是上面一个中，下面一个心，"信"就是相信的信。一个是"仁智勇"。在孔子以前的春秋时代，应该说不仅在齐鲁大地，在相邻的魏国等其他国家，在整个中原文化里，比较流行的就是忠信和智仁勇。

但是到春秋末期，在孔子思想中，仁成为最重要的德行、最重要的道德。义应该说在春秋的时候也受到重视，但是地位不太突出。在孔子思想里，仁和义也差很多。墨子也是齐鲁大地的人，滕州人，墨子很突出义。墨子突出义影响到孟子，所以孟子就把义提高，跟仁并列，就是仁义。所以从孟子开始，仁义成为儒家最重要的道德。孟子又把"仁义礼智"四者并列，经过汉代推崇，加了信，成为历史上中国人道德生活中最有影响的"仁义礼智信"。为什么在汉代提出"五常"来？因为要成为"五常"，才能跟"五行"对应。"五常"当然包含着仁义礼智"四德"，成为两千年来影响中国社会至深的基本道德。

在"四德五常"里面，在儒家推崇的"四书五经"里还有一些，他们跟"四德五常"一起构成了儒家完整的道德体系。比如说孝悌、中和、诚敬，在中国古代，在实际的社会生活里面，孝悌、中和、诚敬是跟"五常"一起发生作用，它们共同支配着中国人的道德思想、道德生活。

再举一个明显的例子就是孝。孝，不在"五常"里，可是没有人能够否认孝在中国人的道德生活里面，是占有重要而且非常突出的地位。你说仁义礼智信，中国人不重视孝吗？不能这么说。因此说，我们平常讲仁义礼智，讲"四德"，它作为道德规范和德行的条目，对中国文化来讲，是有代表性的，但是也不能说它就能全部覆盖我们的道德观念、道德生活。

为什么历史上仁义礼智这"四德"，在儒学的理论里被认为是最重要、最突出的？为什么不把"孝"放在一起？我想古代儒家有自己的思考。就是这并不排除在实践中大家仍然都非常重视孝，在理论上则是因为仁义礼智超出了特殊的伦理关系，变成一般的人与人关系规定的准则。应该说孝还是内在于特定的伦理关系里的。但是仁义礼智不是一个血缘的伦理，也不是一个特定的政治关系伦理。孝是一个血缘关系的伦理，特定的政治关系伦理是忠，而仁义礼智比起孝、忠，有更加普遍的美德意义，更加普遍的人际关系准则的意义。

但是我们讲，在古代，每一个德行的条目，都不是单一的、简单的。不管是忠、孝，还是仁义礼智，每一个道德的条目，既有特定的、具体的意义，还有扩大的、普遍的意义。比如说忠，它主要是一个特定的政治关系，君和臣之间，臣应该担负的一个道德义务、一种道德规范、一种道德条目。忠特定的意义就是指君臣关系中臣的道德，可是忠也有扩大的、普遍的意义，忠可以忠于政务、忠于国家社稷，在春秋战国就是这样。而且君臣关系的忠，也不是简单的，忠不是顺从，能够犯颜直谏这也是忠。到了春秋战国，忠有了更普遍的意义，就是尽心为人。你替别人着想，有没有尽心，"吾日三省吾身"有一条"为人谋而不忠乎",就是指你有没有尽心为人。所以,每一个道德条目有其具体的意义,也有其更广泛的普遍的意义。这也是它能够转化的根据。

刚才讲忠信在春秋为什么特别流行?是因为这个特定的意义,在春秋的宗法社会里,它特别适应这个社会的需要。但是到了孔子时代,孔子讲仁学,在道德观念上已经突破了传统的封建社会,也突破了血缘关系,把仁变成人与人的基本关系的一个最重要的道德。战国时期,仁义都成为重要的道德。仁义之所以重要,不仅是因为它是孔子、孟子特别提倡的,也是因为那个时代的需要。在战国时代封建的宗法制度,特别是政治的宗法制度,它处在一个衰朽和变化中,所以个人对宗法政治的道德义务,就让位于那些含义更普遍的社会道德和人际关系准则。

而且我们说,仁义不仅是个人的道德,仁义在中国古代社会发展中,也是社会的价值。

所以今天我们回顾关于仁义礼智的意义,也要给它做一个说明。首先是仁,仁的意义在历史上是比较少争论的,如《说文解字》:"仁,亲也。"特别是唐代以后,因为韩愈讲,"博爱之谓仁"。当然孔子、孟子都讲了"仁者爱人",这个爱人,应该说孔子、孟子所讲的仁,已经超越了亲属间的亲缘关系。用今天的话来讲,它已经变成大爱无疆,有广阔、深厚的含义。仁是中国传统文化中最重要的道德。

"四德"里的礼,本来是强调仪式、礼节,而且特别注重行为面貌的修饰。因此"四德"里的礼,作为道德就是遵礼、守礼。义,早期是对亲属以外尊长的尊敬。义的进一步普遍化,就变成对所有的长辈,包括亲属长辈和亲属以外长辈的尊敬。可是因为后来礼的条目涵盖了对长辈的尊敬,所以义到了孟子以后,就越来越变成一个跟羞恶有关的德行,不再作为敬长的德行。羞恶与道德善恶有关系,因此义越来越变成坚持道义、去恶扬善。智是比知识更高一级的认识层面。作为一个道德的德目，是对道德知识的一种辨识、一种掌握能力。所以对个人道德的德目来讲，仁就是敦厚慈爱，义就是坚持道义，礼就是守礼敬让，智就是明智明辨。

作为个人道德，仁义礼智是这个意思，但是我刚才也讲了，仁义礼智里的仁义，不仅仅具有个人道德的意义，它还是社会的价值。比如说仁义有更广的社会意义，孔子讲仁，仁是一种道德；可是孟子讲，"天子不仁，不保四海，卿大夫不仁，不保宗庙"，仁已经成为政治的普遍原则。所以在汉代以后两千多年的中国政治文化里，在理论上仁都是一个主导的政治和行动的原则。这就不仅是个人价值，还是国家、社会的政治行政基本原则。所以唐太宗《贞观政要》中提出，以仁为本，仁义为首，仁义作为基本价值，已经超出了作为个人的道德，也是社会政治最基本的价值。仁再发展，就是四海之内皆兄弟、天下大同，成为一个最高的社会理想。

义，《左传》里讲"多行不义必自毙"。这是一个正义的概念，《论语》里讲"义为质"、"义为上"，说明孔子还是重视义，但是这些地方的义，君子以义为上，都不是德行的义，而是正义的义。孟子说"杀一无罪，非仁也；非其有而取之，非义也"，把别人的东西据为己有，那是违反正义原则。所以义在古代很多地方都是作为正义来使用，有很多在社会方面的表达。于是义就不仅是个人道德，也是社会价值。

所以仁义礼智，不仅仅是个人道德，也是古代社会的主流核心价值、古代社会的基本价值。就社会基本价值来讲，仁要强调仁政惠民；礼是强调文化体系，礼不仅是个人的行为，而且是有文化的秩序；义就是社会的正义原则，和是和谐团结。除了我们讲的这些条目以外，还有很多跟这些德目有密切关系的养成工夫，比如克己、反身、正心诚意、慎独等，这里我不再多说了。

除了在经典中的这些说法表达了我们的道德价值，另外在每个时代的社会文化里，也有一些流行用语表达出价值。比如宋代讲究"节义廉耻"，明代后期讲"忠孝节义"，明清小说里充满了忠孝节义，它是社会流行的普遍的价值。

这是我讲的中国古代的道德美德的基本意义，及其所具有的社会价值的意义。在中国古代，个人道德和社会价值是结合为一体的。

五

接下来，我稍微讲一点近代以来传统美德的传承转化。这个传承转化，应该说在近代以来，一直是思想家，包括政治家和学者共同关切的一个论题。比如1911年的辛亥革命以后，王朝已经不存在了，经学也没有了，原来经典讲的话还管不管用？这时候的国家为了道德教化的需要，提出了一些基本道德。在近代以来，国家有个重要的使命，就是要有一个重要的举措，每一个时代要提出基本道德。经书没有地位了，一个社会还是要确定主流价值，怎么设立？ 1912年，民国政府颁令，提出"八德"为立国之本。这"八德"就是"孝悌忠信礼义廉耻"。这是北京政府提出的，因为我们知道，孙中山没当多长时间总统就让位给袁世凯了。所以这不是孙中山提的。这"八德"，前四字见于《孟子》，后四字见于《管子》。

孙中山是个革命家，可是他非常重视传统美德的传承转化。应该说，近一百多年以来，国家领导人最重视道德传承转化的，第一个就是孙中山。我们知道，孙中山也提出"八德"，与北京政府提的不同，孙中山提的是"忠孝、仁爱、信义、和平"。南京政府继续提倡，大家现在到台湾，台北市的路都是这些名字，忠孝东路、仁爱路等，都是以孙中山的"八德"命名的。

孙中山很讲究忠孝，他说现在讲忠君固然不可以，但是忠于民可不可以？忠于事，尽心尽力做好可不可以？"如果不做到成功，就是把性命牺牲，亦所不惜，这便是忠。"我看孙中山就是把忠这个概念做了现代的传承转化。古时候讲的忠强调忠于皇帝，"现在没有皇帝，就不讲忠，以为什么事情都可以做出来，那便是大错。我们民国之内，照道理上说，还是要忠，不忠于君，要忠于国、忠于民，要为四万万人效忠。"所以孙中山讲忠孝，已经跟明清时代讲的忠孝不一样了。他试图把传统道德观念跟我们现在的生活结合起来加以转化。

当然了，就孙中山的思想来看，忠孝、仁爱、信义、和平，八个字其实主要是四项，为什么？比如说仁爱，仁爱是一个德目，和平，和平也不是两个，信义看起来是两个，但孙中山自己强调的时候，他还是突出"信"。因此，就孙中山讲这八个字，其实更多的是强调四项。他自己也是这么分的，他说讲到中国共有的道德，中国人至今不能忘记的，也就是说今天我们提出来一个价值观，一个道德观，照孙中山的想法，他必须要传承古代的道德来加以转化，完全另一套，这是不行的。他说："忠孝、仁爱、信义、和平是古代有的，中国人至今不能忘记的，首先是忠孝，次是仁爱，其次是信义，其次是和平。"所以孙中山还是比较重视中国文化本有的道德资源的。孙中山讲："因为我们民族道德高尚，所以国家虽亡，民族还能存在，并且还有力量同化外来的民族。所以宗本及源，我们现在要恢复民族的地位，除了大家联合起来做成一个国族群体以外，就是要把固有的道德恢复起来。有了固有的旧道德，才有固有的民族地位，这个固有的民族地位才能恢复。"所以我觉得，他还是很强调固有道德在民族复兴里的地位的。

孙中山去世以后，南京国民政府在"八德"以外又加上了管子讲的四维"礼义廉耻"予以提倡。礼义廉耻是侧重在个人道德方面，但是忠孝、仁爱、信义、和平，应该说就孙中山的本意来讲，是结合社会价值的需要，忠是忠于国家、忠于人民，和平，这都不是个人的。所以

"四维八德"成为他们那个时代提倡的主流道德,体现了传承中华固有道德的努力。习近平总书记2014年4月1日在欧洲讲,他说:"两千多年前,中国就出现了诸子百家的盛况,老子、孔子、墨子等思想家上究天文、下穷地理,广泛探讨人与人、人与社会、人与自然关系的真谛,提出了博大精深的思想体系。他们提出的很多理念,如孝悌忠信、礼义廉耻、仁者爱人、与人为善、天人合一、道法自然、自强不息等,至今仍然深深地影响着中国人的生活。中国人看待世界、看待社会、看待人生,有自己独特的价值体系。"

当然,北京政府也好,南京政府也好,都是要传承固有的道德,但是这和站在儒学的立场的学者讲法还是有所不同。不同在什么地方?就是近代由国家的领导者所提出来的道德,它把对国家的忠孝放在第一位,而如果是一个儒家,就不会说忠孝仁爱,而是仁爱忠孝,仁爱要放在前头。

从理论界到知识界,有很多人都知道梁启超早年写了一篇很长的文章,叫《新民说》。《新民说》一开始就强调提倡公德,说中国人以前讲的都是私德,所以我们近代人要特别提倡公德。他讲的公德最重要的是什么?就是爱国、利群。要爱这个国家,要对这个社群做有意义的事,这是最重要的。可是绝大多数人都没注意,都忽视了。《新民说》写了3年,前面一开始写了一个《论公德》,可是3年以后他写了一个《论私德》,重新强调私德的意义。他说今天学者都讲公德,可是你讲的这个效果不明显。原因是什么?原因就是我们国民的私德还有大的缺点。所以要铸造新的国民,必以培养个人之私德为第一要义。就是说还是要以私德为第一位。公德是有益于国家、有益于社会的东西,私德是有益于个人品格的东西。梁启超《新民说》认为公德和私德是同等重要的,但是认为公德的基础是私德。

比如今天讲的社会主义价值观讲爱国,爱国是公德,讲友善诚信,那就是私德。梁启超认为，这个关系对他来讲不是并列的，公德是个人跟社会关系的道德，私德既是个人品行的完善，也是个人对待他人、对待社会的一个德行。这两方面虽然都重要，但是就个人来讲，基础是个人品行、个人道德。所以私德一定是公德的基础。这是梁启超《新民说》最后的结论。应该说，在这方面，中华美德拥有深厚的资源。

六

最后，我们结合当今的核心价值的实践，结合山东现实文化，谈一些看法。这是最后一个问题。

我刚才讲到了，私德就是个人的基本道德、基本品质。现代社会对于个人的道德要求增加了，但是这个增加主要是在公德方面，比如说要爱国、守法，这应该说是近代国家和社会发展所提出的一些新的要求。当然，在这里面我要把道德跟价值做一些区分。因为价值的范围有时候比较广，很多价值并不是道德，比如说自由，自由是一种价值，可是自由不是个人道德。再比如平等，平等也是一种社会价值，但也不是个人道德。我们现在讲的，还是在强调个人道德的重要性。

梁启超所讲的私德和公德，都是以个人为主体的道德问题。私德也好、公德也好，都是以个人为主体的道德要求，但是自由也好、民主也好，都不是落实在个人主体上的道德问题，所以价值这个概念，它有时候跟道德是不一样的。主持人给我出的题目是讲价值观，我觉得还不够，我们必须要把中华美德体系、道德价值、道德德目这些加进来，才能够完整地理解我们今天核心价值实现的方向、基础在哪儿。

我的一个基本的观念，就是现在所强调的讲道德、守道德，都是强调要落实在个人身心实践上的道德。这是我们在从事社会主义核心价值实践的时候，在理论上要讲清楚的重要之点。应该说以前我们对这个问题也不是很清楚,比如2001年国家公布了《公民基本道德规范》,20个字主要是讲公德,它也没有区分公德和私德,就是没有突出中国古人特别强调的私德,缺少对个人基本道德和品质的提倡。可以说我们以前没有突出强调中华美德,现在才突出这一点。

所以,继承弘扬中华传统美德,主要是就个人道德和个人道德修养的内容来讲的,用梁启超的话来讲,"重点还是私德"。最近讲的加强道德建设、形成道德规范、树立道德理想,讲道德、遵道德、守道德,都是主要就个人道德讲的,要落脚在个人的基本道德上。最终的指向是要成为什么样的人,怎么做人,这很重要。

改革开放以来,我们对这些问题重视不够,没有注意吸收中国文化的道德智慧。在社会上有一种观点,认为今天应该主要讲公民道德。而公民道德大部分的主要内容都是公德。其实西方哲学家亚里士多德早就讲过,公民的道德要求是比较低的,善人的道德要求是比较高的,做一个公民和做一个善人是不一样的,作为一个公民,要求他公正有序,这不是一个很高的要求。可是作为一个善人,他的要求是比较全面的。如果从政治、法律上来讲,对公民的要求还是一般性的要求。但是就社会、文化,特别从中国传统文化的角度,我们不仅要求一个公民的道德,还要求一个善人的品德、美德。这就是我们讲道德、守道德、遵道德,这样一个道德美德的理念。

从儒学角度看,现在的社会主义核心价值已经提了三组,提了一些内容。除了社会主义核心价值体系所提的这些以外,贯彻习近平总书记近来系列讲话精神,我想要有一个更进一步的认识。更进一步的认识是什么?就是社会主义核心价值的培育、践行,跟中国文化的价值观、美德体系是什么关系?我们必须要进一步思考这个问题。目前各方面对这个体会还不是很深刻。我们还是按照一般意义上来讲社会主义核心价值的意义,没有讲清楚社会主义核心价值的培育跟中国文化、中华美德的关系。

　　首先，习近平同志讲话的基本精神就是社会主义核心价值，要以中国文化的主流基本价值观作为基础，作为源泉，作为立足点，作为根基，作为根本，作为命脉。这是非常重要的。今天我们讲社会主义核心价值，社会主义核心价值的提炼和提出，首先要有一个文化的基础，其实这个话去年已经讲了，四个"讲清楚"，其中一个就是讲这个。习总书记今年又明确强调，社会主义核心价值，要以中华传统的价值当作基础。中华传统的价值，他讲了6条，就是"讲仁爱、重民本、守诚信、崇正义、尚和合、求大同"。总之，要阐发中国文化价值的意义，使之作为我们社会主义核心价值观的基础。

　　其次，社会主义核心价值的实践，具体的操作，一定要以中华美德体系的传承和实践为条件、为落脚点。今天讲了社会主义核心价值要培育、要践行，怎么培育？怎么践行？我的理解就是要强调这一点，要以中华美德体系的传承和实践作为它的根本条件，作为它的根本落脚点。一定要突出社会主义核心价值跟传统美德的关系。

　　所以我的基本观点是这样的：根据对现实情况的分析，一方面要讲社会主义核心价值的培育和实践，另一方面一定要注重中华美德体系的传承和实践。从个人基本道德做起，道德和社会风俗的改善，才能有一个扎实的社会基础。遵道德、守道德才能落到实处。我今天的内容讲完了。谢谢。

新时代哲学社会科学创新文库

已出版书目

图书在版编目（CIP）数据

中华文明的核心价值：国学流变与传统价值观 / 陈
来著 . —北京：商务印书馆，2023
（新时代哲学社会科学创新文库）
ISBN 978-7-100-22382-9

Ⅰ.①中⋯　Ⅱ.①陈⋯　Ⅲ.①中华文化—价值(哲学)—
研究　Ⅳ.① K203

中国国家版本馆 CIP 数据核字（2023）第 073622 号

新时代哲学社会科学创新文库
中华文明的核心价值
——国学流变与传统价值观
陈　来　著

商 务 印 书 馆 出 版
（北京王府井大街 36 号　邮政编码 100710）
商 务 印 书 馆 发 行
北京中科印刷有限公司印刷
ISBN 978 - 7 - 100 - 22382 - 9

2023 年 9 月第 1 版　　　开本 710×1000　1/16
2023 年 9 月北京第 1 次印刷　印张 11¼

定价：63.00 元